W0171066

Über den Autor:

Franjo Terhart studierte Latein, katholische Theologie und Philosophie und ist als Autor von Sachbüchern und historischen Romanen bekannt. Sein Interesse gilt vorrangig der westöstlichen Mystik und dem keltischen Kulturraum. Zudem arbeitet er seit Jahren intensiv an dem Thema »Templer«, deren ketzerische Geheimlehre er sowohl durch das Studium alter Schriften als auch bei ausgedehnten Forschungsreisen entschlüsselte.

Franjo Terhart

Der Schatz der Tempelritter

Verborgenen Reichtümern auf der Spur

BASTEI LÜBBE TASCHENBUCH
Band 70192

1. Auflage: Juli 2002

Vollständige Taschenbuchausgabe

Bastei Lübbe Taschenbücher ist ein Imprint
der Verlagsgruppe Lübbe

© 2002 by Verlagsgruppe Lübbe GmbH & Co. KG,
Bergisch Gladbach
Umschlaggestaltung: Wustmann & Ziegenfeuter,
Dortmund
Abbildungen: Franjo Terhart
Satz: Textverarbeitung Garbe, Köln
Druck und Verarbeitung: Ebner & Spiegel, Ulm
Printed in Germany
ISBN 3-404-70192-5

Sie finden uns im Internet unter
http://www.luebbe.de

Der Preis dieses Bandes versteht sich einschließlich
der gesetzlichen Mehrwertsteuer.

INHALT

Vorwort 7

Kapitel 1:
DIE SPUR DER SCHÄDEL UND DIE SPUR DES
SCHATZES 9

Zwei exponierte Schatzorte: Gisors und Arginy 13
Der Reichtum der *Armen Brüder vom Tempel* 28
Portugal – Land des Grals und des Schatzes? 33
Unterirdische Tempel und Höhlen des Ordens 40
Die Drachenhöhle von Mallorca 46
Der Templerschatz im Gorge du Verdon? 49
Katharerschatz und Templerschatz –
ein und dasselbe? 52
Brachten die Templer ihr Gold nach
Mittelamerika? 55

Kapitel 2:
DIE SPUR DER HEILIGEN SCHÄDEL 61

Der Kult der abgeschnittenen Köpfe 62
Exkurs: Heiliges Wasser aus dem Nichts –
die Kraft des Zyklischen 65
Der Schädel Adams und anderer Weiser 68
Exkurs: Das Schweißtuch Jesu ....
Ist Baphomet der Heilige Gral? 77
Gral, Geheimwissen und Sternenreise 79
Der blutende Kopf 94
Maria Luzifer – Hure und Göttin 110

Wer den Kopf des Täufers besitzt, regiert die Welt 112
Der Gral in Ganagobie 119
Die Bedeutung des göttlichen Paares 122
Exkurs: Maria Magdalena, Templer und Tarot 133

Kapitel 3:
WELCHER SCHATZ IST IN RENNES-LE-CHÂTEAU
EIGENTLICH ZU HEBEN ODER VON DER
BEDEUTUNG DES *PFERD GOTTES?* 137

Versteckte Dokumente 141
Rennes-le-Château und die Templer 145
Zehn Spekulationen um den Schatz von
Rennes-le-Château 148
Eine rätselhafte Tagebucheintragung des Abbé S. 156
Dem Geheimnis auf der Spur oder vom
Pferd Gottes 161

Kapitel 4:
MEINE GANZ PERSÖNLICHE SUCHE NACH
GOLD UND GELD DER TEMPLER 171

Die Graffiti von Chinon – eine Schatzkarte? 175
Sant Pere de Roda 181
Sator und Rotas 189
Exkurs: Das System der Priester 190
Was ist dran am Weysen-Plan? 194
Die genaue Lage des Templerschatzes 202
Eine in Stein geritzte Landkarte 205
Spurensuche 212
Ein seltsames Lichtphänomen 217

Schlusswort und Danksagung 230

Vorwort

Wer nach verborgenen oder fast vergessenen Schätzen sucht, wird entweder reich oder bricht sich die Knochen, habe ich irgendwann einmal von einem besessenen *Jäger nach verlorenen Schätzen* gehört. Allzu oft haben Schatzsucher aber auch ihr Leben riskiert, und das ganz besonders bei Schätzen, die nicht nur großen materiellen Reichtum versprachen, sondern bei denen von Anfang an auch die Gefahr bestand, dass sie alte und lieb gewonnene Glaubens- und Weltvorstellungen über den Haufen warfen, sobald man sie tatsächlich entdeckt und einer breiten Öffentlichkeit nahe gebracht hatte. Zu solchen Schätzen zählt sicherlich der Templerschatz, nach dem Menschen seit Jahrhunderten vor allem im Abendland suchen. Dass man damit ganz Europa kaufen könnte, behaupten die einen. Dass er eine Bedrohung des christlichen Glaubens darstellt, erklären die anderen. Letztere vermuten, dass er unbequeme Wahrheiten über das Leben Jesu beinhaltet; Wahrheiten, die die Kirche in arge Bedrängnis brächten – ein Schatz für jeden aufrichtig Suchenden, eine unerträgliche Zumutung für jeden Rechtgläubigen.

In diesem Buch gehe ich auf doppelte Schatzsuche. Materiell und geistig. Ich greife die gängigen Vorstellungen all jener auf, die den Templerschatz an bestimmten Stellen in Frankreich, Portugal, unter dem Tempelberg in Jerusalem oder auf Zypern vermutet haben. Ich zeige auf, dass sie einen wichtigen Ort – aus welchen Gründen auch immer – völlig außer Acht gelassen haben, an dem er mit größter Wahrscheinlichkeit vergraben liegt. Und ich suche, wie schon in meinem ersten Buch über die Templer, auch weiterhin nach Spuren und Beweisen für die häretische Geheimlehre des Mönchsritterordens, dem der König von Frankreich und der

Papst zwischen 1307 und 1314 – nach fast zweihundertjähriger Existenz – den Todesstoß versetzten. Gral, Baphomet und Freimaurerritus sind auch bei der Suche nach dem unermesslichen Reichtum der Tempelritter meine beständigen Begleiter gewesen. Fast scheint es so, als ob das eine vom anderen nicht zu trennen sei.

Kapitel 1

DIE SPUR DER SCHÄDEL
UND DIE SPUR DES SCHATZES

In den Jahren 2000 und 2001 beschäftigten mich die Geheimnisse des Templerordens doch noch erheblich mehr, als ich gedacht hatte. Nachdem im Herbst 1999 mein erstes Buch über den Templerorden unter dem Titel *Die Wächter des Heiligen Gral* vorlag, schienen für mich zunächst meine bis dahin gemachten umfangreichen und ergiebigen Nachforschungen über die Häresie (Irrlehre nach christl. Auffassung) des einst so mächtigen Mönchsordens des Mittelalters weitestgehend abgeschlossen. Aber mitnichten! Ich war mit Baphomet, Gral und angeblich unerhörter Ketzerei der Templer an ein endgültiges Ende gelangt, wenn das überhaupt jemals möglich sein kann. Auf Lesungen wurde ich auch nach dem materiellen Schatz des Ordens angesprochen, der nach wie vor seiner Entdeckung harrt, wenn ihn nicht jemand längst aufgespürt und an sich gerissenen hat; beispielsweise die Prieuré de Sion, ein mächtiger Geheimbund, der lange vor Gründung des Templerordens im Heiligen Land ins Leben gerufen wurde. Die Prieuré de Sion dürfte immer so etwas wie der Schatten, die verborgene zweite Struktur des Templerordens gewesen sein. Als der Orden dann vernichtet werden sollte, schien die Prieuré es geschehen zu lassen, weil die Templer ihre Aufgabe erfüllt hatten. Wenn dem so gewesen ist, heißt das dann auch, dass die Prieuré de Sion das millionenschwere Kapital der Mönchsritter an sich genommen hat?

Bei meinen Forschungen kreuz und quer durch Europa in Sachen Templerorden hatte mich anfangs ein materieller Gold- und Silberschatz weniger interessiert, schließlich betrachtete ich mich bis dahin vornehmlich als Sucher geistiger und esoterischer Schätze, die es zu heben galt. Dann jedoch kam ich eines Tages im Februar 2000, angeregt durch ein Gespräch mit Mitgliedern einer Freimaurerloge im Ruhrgebiet, auf einen ganz bestimmten Gedanken, der mich von da an nicht mehr losließ. Ich hatte die Logenbrüder durch

Zwei Geheimkreuze des Templerordens

Vorstellung meiner Ideen und anhand ausgewählter Dias, die Symbole und Graffiti der Templer zeigten, auf das geistige Vermächtnis des Ordens hingewiesen. Ich hatte auch die meiner Meinung nach geistigen Wurzeln und inhaltlichen Verflechtungen zwischen den Templern und Freimaurern deutlich gemacht, wobei ich besonders auf den Schottischen Ritus verwies. Darüber entspann sich eine lebhafte und fruchtbare Diskussion – für beide Seiten. Der eher als scherzhaft gedachte Einwurf eines Teilnehmers, die Templer-Graffiti nicht nur als Glaubenszeugnis für den Orden zu sehen, sondern auch als handfesten Hinweis auf die Lage des Schatzes, ließ mich stutzen.

»Alle Graffiti?« fragte ich.

»Keine Ahnung, ich habe nur mal so fantasiert«, kam es zurück, und es machte im Nachhinein einen stärkeren Eindruck auf mich als vermutet. Könnten ganz bestimmte Graffiti, die Templer in die Wände ihrer Kerker geritzt hatten, auch als Schatzkarte zu lesen sein? fragte ich mich gebannt. Gab es überhaupt solche Graffiti, die sich auch als Hinweis auf die Lage des verborgenen Schatzes deuten ließen, oder mussten sie erst noch entdeckt werden? Und dann erinnerte

11

ich mich an die von Alfred Weysen Mitte der siebziger Jahre einer staunenden südfranzösischen Öffentlichkeit präsentierte Schatzkarte, auf der seiner Meinung nach Templer der Provence einen zwar rätselhaften, aber eindeutigen Hinweis auf einen Schatzort gegeben hätten. Für Alfred Weysen war es das Schloss Valcros bei Trigance in der Nähe des Gorge du Verdon; wo er aber trotz Einsatzes schweren Geräts wie Bulldozer und Sprengstoff trotzdem nicht fündig geworden war. Damals, im Februar 2000, beschloss ich noch einmal, alle meine Unterlagen, gesammelte Fotos, alte Dokumente etc. durchzugehen, um Indizien dafür zu finden, dass einige verzweifelte, inhaftierte Templer, die auf ihren Prozess warteten, versteckte Hinweise auf den Ordensschatz, in welcher Form auch immer, gegeben haben könnten.

Ich kam schneller zu einem überraschend positiven Ergebnis, als ich es mir jemals hätte träumen lassen. Und plötzlich war ich mitten in der Suche nach dem legendären Templerschatz. Dabei ging ich einen völlig anderen Weg als alle Sucher zuvor, und dieser Weg führte mich an einen neuen und überraschenden Ort außerhalb Frankreichs …

Das Zweite, das mich in jener Zeit fesselte und nicht mehr zur Ruhe kommen ließ, war eine erneute Vertiefung der Themen *Baphomet und Gral*, angeregt durch die Lektüre eines wunderbaren Buches des englischen Autors Keith Laidler. Von Hause aus Anthropologe und Filmemacher, hat er sich wie ich über viele Jahre mit der Geschichte der Templer beschäftigt und war dabei zu einem überraschenden Ergebnis gekommen. Für ihn entspringt die Legende um den Heiligen Gral einem uralten Kult, den er von den Ägyptern über Moses und den Stamm David bis zu Jesus und den Templern fortgeführt sieht: der Kult der Heiligen Häupter – ein merkwürdiger Kult der Schädel. In seinem spannend zu lesenden Buch *Das Haupt Gottes* zieht Keith Laidler ein bemerkenswertes Fazit aus seinen jahrelangen Forschungen auf diesem Gebiet und kommt zu dem Schluss, dass die wahre Natur des Heiligen Grals das Haupt Christi ist, das die Templer aus Jerusalem ins Abendland mitgebracht hätten.

Beim Lesen des Buches gingen mir unzählige Gedanken durch den Kopf. Auch ich war immer wieder auf abgeschlagene Häupter und merkwürdige Köpfe an und in Kirchen und Kapellen, an Templerhäusern und in alten Kommanderien gestoßen. Ich hatte noch viel mehr seltsame Kopfobjekte gesehen als Keith Laidler, der sich bei seinen Beispielen weitestgehend auf Großbritannien bezieht. Ich erinnerte mich an zahllose seltsam geformte Köpfe und Gesichter an mittelalterlichen Gebäuden in Frankreich, wie die Templerkirche in Trouan le Grand, die schon im Volksmund die *Kirche der hundert Schädel oder Gesichter* heißt. Plötzlich begann mich dieser seltsame Schädelkult zu interessieren. Gab es da ein Geheimnis zu lüften, das ganz tief in die geistig-spirituelle Welt der Tempelritter hineinführte, oder war dieser Schädelkult einfach nur ein Relikt aus der keltischen Glaubenswelt? Ich besuchte noch einmal alle infrage kommenden besonderen Orte in Frankreich und nahm dabei die Spur der Schädel und in diesem Zusammenhang die Frage nach Baphomet und Heiligem Gral wieder neu auf. Dabei musste ich lernen, dass das Geheimnis um Baphomet doch kein rein geistiges ist.

Aber zuvor geht es um Gold, sehr viel Gold.

Zwei exponierte Schatzorte: Gisors und Arginy

Im September 1998 stießen Mitglieder der Gesellschaft *Hugo de Payns* – des ersten Großmeisters des Ordens – zusammen mit Archäologen bei Grabungen in der Kapelle der

Heiligen Maria Magdalena im französischen Payns bei Troyes unverhofft auf einen mittelalterlichen Münzschatz. Insgesamt gab der sandige Boden 650 Gold- und Silbermünzen frei, die allesamt aus der Zeit der letzten Tage des Templerordens stammten, dem die bis auf das Fundament zerstörte Kapelle der Heiligen Maria Magdalena auf dem Gebiet der einstigen Kommanderie von Payns gehört hatte.

Von der Menge her war der Münzschatz nicht gerade umwerfend, aber dennoch hatte so viel Schatzsucherglück – bezogen auf seine Erwartungen – nicht einmal Philipp der Schöne, König von Frankreich, seinerzeit gehabt, als er den Orden der Mönchssoldaten nur aus dem einen Grund aus der Welt schaffen ließ, um sich seines gewaltigen materiellen Reichtums zu bemächtigen. Er wurde in den Wochen nach der Arrestierung der Templer nicht müde, dem Papst zu klagen, es habe sich wider Erwarten nur wenig Gold und Geld im Pariser Temple, dem Hauptsitz des Ordens, auffinden lassen. Selbst von seinen eigenen Bareinlagen würden 120 000 Pfund fehlen.

Armer König! Da will er den fast 200 Jahre alten Orden ausplündern und wird um seinen Erfolg gebracht, weil bereits Tage oder Wochen zuvor die Tempelritter wichtige und geheime Dokumente, aber auch ihre Goldschätze vor dem Zugriff des Königs in Sicherheit gebracht haben. So wird später von Augenzeugen berichtet, dass am Vorabend des 12. Oktober 1307 zwölf Templer den Temple von Paris mit drei, mit großen Koffern voll beladenen Wagen verlassen hätten – Ziel unbekannt. Die großen und eisenbeschlagenen Koffer hatte man Tage später irgendwo am Straßenrand unweit von Paris entdeckt; selbstverständlich leer. Was mochten sie enthalten haben: Dokumente? Schätze? Oder beides?

Was die Größe dieser Koffer angeht, so wissen wir von Funden, dass diese durchaus 2,50 m lang, 1,80 m hoch und

1,60 m breit gewesen sein können – alles andere als Handgepäck also. In solchen abschließbaren, schweren Koffern verwahrten und transportierten die Templer ihre Gold- und Silbermünzen.

Bis auf den heutigen Tag hält sich hartnäckig das Gerücht von einem ungeheuer wertvollen Schatz, der an einem geheimen und sicheren Ort verborgen liegt. Gibt es einen solchen materiellen Templerschatz, der alles bisher da Gewesene in den Schatten stellt und seit Jahrhunderten Schatzsucher in Atem hält? Oder haben die Templer Edelsteine und alles Gold und Silber mit ihren 13 Schiffen im Hafen von La Rochelle an der Atlantikküste im Oktober 1307 aus Frankreich weggeschafft? Auch ihre Schiffe sind seit jenem Tag nie mehr gesichtet worden. Vermutungen darüber, dass die Schätze nach Schottland verbracht wurden, gibt es genügend. Einige Autoren vermuten sie gar in der Kapelle von Rosslyn, irgendwo eingemauert oder verborgen in einer geheimen Krypta. Andere, wie der Autor Henry Lincoln, suchen den Templerschatz auf Bornholm – jene wunderschöne Insel in der Ostsee, die er als *letzte, geheime Zuflucht* der Templer ausgemacht haben will. Wurde der Schatz also über den Seeweg von Frankreich geschafft? Nach Schottland? Nach Bornholm? Nach ...?

Doch nach wie vor gilt das Mutterland des Ordens als das bevorzugte Land, in dem bis auf den heutigen Tag nach dem verlorenen Templerschatz gesucht wird. Was wiederum auch typisch französisch ist. Nirgendwo anders liegt er verborgen, nur bei uns.

Und tatsächlich schien sich in Frankreich Mitte des letzten Jahrhunderts eine ganz heiße Spur aufzutun. Es war das Jahr 1946, also kurz nach dem 2. Weltkrieg. Damals gab Roger Lhomoy, der Gärtner und Touristenführer der Burgruine von Gisors – 40 km nordwestlich von Paris – an,

Die Templerburg Gisors

dass er bei geheimen Grabungen unter dem Burgturm auf eine Kapelle gestoßen sei, in der er 30 Schatztruhen oder Koffer aus kostbarem Metall entdeckt habe. Die Kapelle sei der Heiligen Katharina geweiht gewesen; zudem würden sich darin neben den Schatztruhen auch 19 Sarkophage mit verstorbenen Würdenträgern des Templerordens befinden.

Zwei Jahre lang hatten die geheimen Grabungen von Roger Lhomoy angedauert. Korrekt wie der Schatzsucher war, meldete er seinen sensationellen Fund dem Bürgermeister des Ortes, der daraufhin nichts Eiligeres zu tun hatte, als den Brunnen von der Feuerwehr wieder zuschütten zu lassen. Angeblich fürchtete er, dass jemand hineinfallen könnte. Außerdem bezweifelte er, was ihm der Entdecker über den Fund von 30 Schatztruhen mitgeteilt hatte. Weil sich der Fin-

16

der jedoch an die Presse wandte, wurde er kurz darauf entlassen. Roger Lhomoy verlor nicht nur seine Arbeit, sondern auch seine Frau, die ihn mit den Kindern verließ, weil sie ihren Mann für einen Verrückten hielt. Aber Lhomoy blieb bis zu seinem Tod fest bei seiner Behauptung, 30 Schatztruhen in einer geheimen Kapelle unter Gisors entdeckt zu haben.

So wie oben beschrieben wird die Geschichte von der Entdeckung der unterirdischen Kapelle und der 30 Schatztruhen durch Roger Lhomoy nach wie vor überliefert. Genaueres weiß man nicht, sodass wir nichts in Händen halten als die Aussage eines, wie es scheint, von seiner Idee besessenen Mannes, den man für glaubwürdig halten mag oder nicht. Dass im Jahre 1964 der französische Staat, in Person des damalige Ministers für Kultur, André Malraux, die Burg und das Gelände zum Sperrgebiet erklären ließ, damit Pioniere der Armee Ausgrabungen vornehmen konnten, ist zwar bedeutungsvoll, erklärt aber immer noch nicht, ob Lhomoy ein Lügner war. Haben die französischen Soldaten die Kapelle nebst Schatztruhen entdeckt? Wir wissen es nicht, außer dass der Minister Malraux auf Drängen der fragenden Journalisten endlich zugab, tatsächlich nach einem Schatz suchen zu lassen. Ob er Erfolg damit hatte – kein Kommentar.

Gisors, nordwestlich von Paris – birgt die runde Burg nun Rätsel oder nicht? Aber mit absoluter Sicherheit. Doch dazu kommen wir noch.

Mich interessierte zunächst einmal Roger Lhomoy. Was war er für ein Mensch? Und vor allem, warum fängt er überhaupt in Gisors an zu graben? 1929 wird er auf der Burg als Gärtner und Touristenführer angestellt. Damals war er 25 Jahre alt. Aber erst 15 Jahre später ist er plötzlich vom unermüdlichen Eifer beseelt, sich die Nächte mit anstrengenden Grabungen unter dem Wehrturm um die Ohren zu schlagen. Zwei Jahre lang gräbt er sich 20 Meter tief in den Boden hinein. Verletzt sich dabei am rechten Bein so schwer, dass er sich zeitlebens nur noch humpelnd fortbewegen kann. Nach 21 Metern stößt er auf eine Mauer, durchbricht diese und findet die Kapelle der Heiligen Katharina. Alles Weitere ist bekannt.

Bei meinen Nachforschungen stieß ich zunächst auf die Tatsache, dass Roger Lhomoy, bevor er sich um die Stelle in Gisors bewarb, intensive Bergbaustudien betrieben hatte. Wurde ihm vielleicht damals von einem geheimen Ort erzählt, der sich unter dem Wehrturm von Gisors befinden soll? Merkwürdig ist es schon, dass Roger Lhomoy unbedingt Gärtner in Gisors werden wollte, obwohl ihm damals in Paris eine besser dotierte Stelle angeboten worden war. Je länger ich mich mit Lhomoy befasste, desto mehr verstärkte sich mein Eindruck, dass er von vornherein mit einer festen Absicht nach Gisors gekommen war, die rein gar nichts mit seinem eigentlichen Beruf in der Burg zu tun hatte. Der Mann wollte in erster Linie in der Ruine nach der verborgenen Kapelle der Heiligen Katharina suchen, selbst wenn er dabei umfangreiche Grabungen in Kauf nehmen musste.

Aber woher könnte er von dem geheimen unterirdischen Ort gewusst haben? Es war nicht schwierig, das herauszufinden. 1629 erwähnt der Maler und Schriftsteller Antoine Dorival in seinem Text *Tableau poétique de l' église de Gisors* die Kapelle Sainte-Catherine und beschreibt den seiner Meinung nach herrlich gearbeiteten steinernen Altaraufsatz. In dem 1696 erschienenen Buch *Anmerkungen zur Geschichte von Gisors* von Alexandre Bourdet, im Übrigen ein Freund von Cyrano von Bergerac, findet sich ebenfalls ein Hinweis auf die Kapelle der Heiligen Katharina. Eine Abschrift dieser Textstelle könnte Roger Lhomoy besessen haben. Und warum hat er dann erst 1944 angefangen zu graben? Meine Antwort: weil er erst kurz vor Kriegsausbruch davon erfahren hat, dass sich in der Kapelle möglicherweise ein Schatz befindet. Ich stieß nämlich auf einen Brief, den der Pfarrer von Gisors – Abbé Vaillant – 1938 an einen Pariser Architekten geschickt hatte. Aus dem Schreiben geht hervor, dass er dem Architekten vor Jahren mal ein Paket mit wichtigen Dokumenten anvertraut hatte. Wie sich nun herausstellte, war das ein Fehler gewesen, denn der Pfarrer von Gisors beklagte sich darüber, dass er ein ganz bestimmtes altes Manuskript in lateinischer Sprache nicht zurückerhalten habe. Das Manuskript stamme aus dem 15. Jahrhundert und darin stünde etwas von 30 großen Koffern aus Eisen an verborgener Stelle in Gisors. Genau dieselbe Anzahl von Koffern erwähnte Lhomoy später auch. Zufall?

Weitere Recherchen ergaben, dass die Burg von Gisors 1097 vom Architekten Leufroy geplant und erbaut worden war. Zu diesem Zeitpunkt existierten die Templer noch gar nicht. Dennoch wird Leufroy in einem späteren Text als *Ritter des Tempels* bezeichnet, was uns annehmen lässt, dass er am Ende seines Lebens dem Orden der Mönchssoldaten beigetreten sein muss. Viel wichtiger für unsere Überlegungen, ob Lhomoy die Wahrheit über seine Entdeckung gesagt hat oder nicht, ist jedoch die Feststellung, dass der mittelalterliche Architekt Leufroy sich anscheinend mit unterirdischen Kapellen recht gut auskannte. Und zwar beruflich. Denn immerhin hatte er solche für die Burgen von Belême und Nogent-le-Rotrou errichtet – und zwar genau unter den jeweiligen Wehrtürmen. Bemerkenswert ist zudem, dass die Burg von Gisors 500 Jahre lang genau an der Grenze zwischen dem Territorium Englands auf dem Kontinent und dem Königreich Frankreich lag. So spielte sie zu allen Zeiten des Templerordens eine wichtige strategische Rolle.

Und noch etwas Ungewöhnliches: Als Philipp der Schöne von Frankreich gegen die Templer im Jahre 1307 vorging, da hieß der Verwalter des *Temple de Paris* Jehan de Gisors. Der berühmte Frauenschädel, den man in Paris zur Zeit des Templerprozesses entdeckte und der die Aufschrift *Caput LVIIIm* trug, wurde später einem gewissen Guillaume de Gisors anvertraut, Jehans Bruder. Im Übrigen wurden am 13. Oktober 1307 alle Templer in Frankreich durch die Soldaten des Königs inhaftiert, bis auf die Mönchsritter von Gisors. Die ließ Philipp der Schöne merkwürdigerweise erst am 29. November 1308 in den Kerker stecken. Aus welchem Grund? Keine Ahnung! Auch Jacques de Molay verbrachte die letzten Tage vor seiner Hinrichtung in Paris hinter den Mauern von Gisors. Standen die Templer von Gisors vielleicht auf der Seite des Königs und waren somit Verräter? Man könnte es fast annehmen.

Die Frage bleibt, was mit den dreißig Koffern geschehen ist, die Roger Lhomoy in der unterirdischen Kapelle gesehen haben will. Ich denke, wir können diesen Punkt recht schnell und schlüssig abhandeln. Setzen wir voraus, dass er die Koffer tatsächlich entdeckt hat, dann können wir auch ebenso gut erklären, dass diese Koffer zu dem Zeitpunkt längst geleert worden waren. Jedenfalls enthielten sie keine Schätze mehr. Einmal, weil Philipp der Schöne die Burg von Gisors zu seinem Eigentum erklärt hatte und sicherlich auch die unterirdische Kapelle gefunden und durchsucht haben wird. Zum anderen, weil bis ins Mittelalter hinein Lage und Aussehen dieser Kapelle zahlreichen Menschen – wie es die von mir erwähnten Dokumente belegen – ebenfalls bekannt gewesen sein dürften. Dabei ist völlig auszuschließen, dass sich kein Mensch schon vor Jahrhunderten nicht für den Inhalt dieser dreißig Truhen interessiert haben dürfte. Das ist schon deshalb undenkbar, weil man ja fieberhaft nach dem Templerschatz suchte. Bargen die Truhen einen Schatz, so bleibt zu fragen, ob sie den gesamten Schatz der Templer aufgenommen haben. Das kann aller Wahrscheinlichkeit nach verneint werden, weil er zum einen größer gewesen sein muss und zum anderen, auch eine unterirdische Kapelle, selbst wenn sie 21 Meter unter einem Wehrturm liegt, kein sicherer Ort für ihn ist. Das wird auch Jacques de Molay klar gewesen sein; zumal Gisors viel zu exponiert für ein Versteck ist. Nein, der Schatz muss woanders gesucht werden.

Arginy, nördlich von Lyon bei Belleville, kann solch ein Ort sein.

Noch immer versetzt allein die Erwähnung dieses Ortes so manchen Templerschatzsucher in helle Aufregung: Arginy – der Name soll sich vom griechischen *Arguros* ableiten, was Silber oder Geld bedeutet. Nomen est omen, hier muss einfach ein Schatz verborgen liegen. Denn auch die zweite Deutung des Namens begründet diesen Verdacht: Arginy stammt von Argine, der Dame von Tréfle ab, die sich als Hüterin eines wie auch immer gearteten Schatzes verstand. 1952 wurde hier die berühmt-berüchtigte Sonnentemplersekte gegründet, der auch Gracia Patrizia von Monaco angehörte. Ob die Sonnentempler auch nach Gold und Geld gesucht haben?

Jedenfalls ist der Boden von Arginy durchwühlt worden wie kein Zweiter. Alles vergeblich. Aber warum soll ausgerechnet Arginy das letzte Fluchtziel für den materiellen Nachlass des Mönchsordens sein? Weil die Familie, der das Schloss im Mittelalter gehörte, eng mit dem Orden verbunden gewesen ist. Die Familie derer von Beaujeu, die im Übrigen einem berühmten Wein seinen Namen gegeben haben: dem Beaujolais. Die Beaujeus sind eine bemerkenswerte Familie gewesen. Einer von ihnen – Renaud de Beaujeu – schrieb im 13. Jahrhundert einen Roman, den er *Der schöne Unbekannte* nannte und der sich eng an die Artus-Geschichte und die Ritter der Tafelrunde anlehnt. Den Beaujeus wird auch nachgesagt, dass sie sich für kurze Zeit im Besitz des Heiligen Grals befunden hätten, den allerdings ein gewisser Milon d'Anse auf einem Familienfest unrechtmäßig an sich nahm, um dann später die kostbare Schale in den Fluss Saône zu werfen, wo sie in den schlammigen Fluten versank.

Die Nähe derer von Beaujeu zu den Heiligen Mächten war bereits im 12. Jahrhundert durch ein Wunder dokumentiert worden. Damals war der Sohn Guichard II. von Beaujeu unglücklich vom Pferd gestürzt, in den Fluss gefallen und dabei ertrunken. Der Graf gelobte, an Ort und Stelle des Unglücks eine Kirche zu errichten, wenn ihm sein Sohn zurückgegeben würde. Das Wunder ereignete sich tatsächlich, und der Sohn kehrte von den Toten zurück. Daraufhin ließ Guichard II. von Beaujeu die Kirche Saint-Nicolas-de-Beaujeu errichten, die 1131 durch Papst Innozenz III. eingeweiht wurde. Das alles macht die Familie von Beaujeu interessant, aber bemerkenswert wurde sie allein durch den Umstand, dass einer geheimen Überlieferung nach der letzte Templergroßmeister Jacques de Molay ausgerechnet den Grafen von Beaujeu, seinen Neffen, zu seinem Nachfolger bestimmt hatte. Molay übergab ihm drei Schlüssel, mit denen er einen einzigen Koffer öffnen sollte, in dem sich das Geheimnis des Templerordens als Nachlass der besonderen Art befand. Sein Neffe gehorchte, und seitdem hält sich hartnäckig das Gerücht, dass sowohl der Schatz der Templer als auch ihr häretisches Geheimnis vom Grafen von Beaujeu auf sein Schloss Arginy verbracht worden wären.

Wer heute nach Arginy kommt, der stößt vor allem auf Schilder wie *Privat* und *Zutritt verboten.* Das alte Templerschloss ähnelt inzwischen mehr einem landwirtschaftlichen Betrieb, als einem Ort, wo es unglaubliche Geheimnisse zu entdecken gibt. Arginy wirkt heruntergekommen und wenig einladend. Faszination löst nach wie vor jener alte runde Wehrturm aus, auf den sich die Nachforschungen der Schatzsucher in den letzten zwei Jahrhunderten konzentrierten: der Turm der acht Glückseligkeiten – so genannt wegen seiner acht Fenster im obersten Stockwerk. Viele sehen in ihm ein alchemistisches Bauwerk, das Rätsel aufgibt und dessen Geheimnisse nach wie vor nicht gelöst sind.

Bei Grabungen unterhalb des Bauwerks stieß man auf unterirdische Räume; ähnlich wie in Gisors. Jemand will auch große Koffer gesehen haben, aber es schien unmöglich, diese zu erreichen. Medien, von denen man sich Kontakte zu den verstorbenen Templern von Beaujeu versprach, berichteten Unglaubliches. Eine von ihnen, Gabrielle Carmi, wollte erfahren haben, dass in der Tat der *Turm der acht Glückseligkeiten* den so lange gesuchte Schlüssel zum Templerschatz darstelle:

»Tief unter der Erde sehe ich ein blaues Licht ähnlich dem, das man bei der Entdeckung der Tabula Smaragdina gesehen hat. Das Licht bildet zwei große ›S‹ oder Schlangen, die von einander getrennt sind. Daneben sehe ich einen Koffer. Er ist aus Stein. Er ähnelt einem Sarkophag, der knapp ein Meter lang und ebenso hoch ist. Dieser Koffer ist geöffnet. In seinem Innern erkenne ich Dokumente, die durch ein metallisches Siegel und eine Kordel als Rollen zusammengehalten werden. Ich sehe eine goldene Schrift und weiß im selben Moment, dass die Texte von enormer Bedeutung sind. Ich fühle die Anwesenheit von etwas Großem und Mächtigem. Über den Inhalt der Dokumente kann ich nur so viel sagen, dass er technischer Natur ist. Es geht darum, wie man Bauwerke richtig proportioniert und sie in der Landschaft ausrichtet. Es geht dabei nicht so sehr um Architektur, sondern vielmehr um Einweihung ...«[1]

---

[1] Zitat nach: Michel Lamy, *Les Templiers*, Bordeaux 1997, S. 308.

Alle Grabungen verliefen ergebnislos. Wie immer man zu den Worten von Gabrielle Carmi stehen mag, eines ist schon erstaunlich. Erst nach ihrer Aussage wurde offenbar, dass Guichard II. von Beaujeu, dem auf wunderbare Weise der schon totgeglaubte Sohn zurückgegeben wurde, eine geheime Gesellschaft gegründet hatte. Und diese hieß *les Parfaits Architectes*, wobei es sich hierbei um ein geniales Wortspiel handelt. Zu einen bedeutet *parfait* perfekt oder vollkommen, zum anderen bezeichneten sich die Priester der Katharer als *Parfaits*. Was aber ist ein *vollkommener Architekt* anderes als ein Wissender, der an der Welt baut wie ein Schöpfer. So und nicht anders denken auch die Freimaurer.

Orte, um Arginy herum, tragen Namen wie Bethléem, Lazarus, Jacob, Balthasar, Zacharias, Abraham oder Jerusalem. Von der Anwesenheit der Templer in dieser Region zeugen Ortsnamen wie *La Commanderie, Les Chevaliers* oder *Le Temple.* Und dann fiel mir noch auf, dass – nachdem ich auf einer Karte am Standort des *Turmes der acht Glückseligkeiten* einen Kreis von 1 200 Meter geschlagen hatte – dieser einen von drei markanten Punkten eines gleichschenkligen Dreiecks bildet. Die anderen zwei sind die Kapelle Sankt-Peter im Osten und ein Ort namens *Le Nicolas.*

Nach der wundersamen Auferstehung seines Sohnes hatte Guichard II. von Beaujeu eine Kirche gleichen Namens errichten lassen. Neues Leben, Auferstehung veranlasste den Kirchenbau.

Welcher Ort als dieser eignet sich als Versteck für geheime und wichtige Dokumente besser nach dem Untergang des Ordens?

Im Innern der Kirche *Saint-Nicolas-de-Beaujeu* malt bei gutem Wetter das Sonnenlicht durch das Prisma der Fenster seltsame blaue Zeichen auf den Marmorfußboden. Gabrielle Carmi sprach von einem blauen Licht, das sie gesehen haben will. In der Kirche Saint Nicolas kam mir zum ersten

Mal eine Idee, die mich von da an nicht mehr losließ. Aber davon später.

Ich möchte noch einmal auf Gisors zurückkommen, denn dort nahm ich auch die Spur der Schädel wieder auf.

Was man nämlich in den Mauern der ehemaligen Templerburg finden kann, ist eine merkwürdige Überlieferung, geheimnisvolle Grafitti und noch geheimnisvollere Sätze.

In Gisors sollte man unbedingt den *Turm des Gefangenen* besuchen, zu dem es eine hübsche und zugleich bemerkenswerte Geschichte gibt. Ritter Poulain war der Geliebte der Königin Blanche, die sogar schwanger von ihm wurde, eine Tochter gebar, die aber nicht überlebte. Als der König und Gemahl von Blanche das erfuhr, ließ er den Ritter in eben diesen Turm einkerkern. Poulain gelang es zu fliehen, wurde dabei jedoch tödlich verletzt und starb am Ende in den Armen seiner Geliebten.

Wer mag diese Königin Blanche gewesen sein? Die Historie hat uns ihre wahre Identität nicht überliefert, sodass einige vermuten, es handele sich bei der ganzen Liebesgeschichte um eine alchimistische Allegorie.

Als ich den Turm besuche und eingehend die Mauern betrachte, stoße ich auf Graffiti, wie ich sie von Chinon her kenne. In Gisors und im Turm von Coudray im Schloss Chinon war Jacques de Molay zeitweilig inhaftiert gewesen. Stammen etwa von ihm die verschiedenen Steinritzungen in den Mauerwänden? Licht dringt nur spärlich von außen herein, sodass der *Gefangene*, der hier eingesperrt worden ist, nur mühsam seine Botschaft in den Stein einritzen konnte. Die meiste Zeit des Tages über wird es dafür in dem Raum einfach viel zu dunkel gewesen sein. Denn er hat sich große Mühe gegeben, sodass die Graffiti ähnlich wie in Chinon reliefartig wirken. Ich erkenne Sankt Georg, der einen Drachen tötet, der wiederum eine Jungfrau am Strick mit sich führt – Sinnbild für die Erkenntnis der Welt und des Sieges über die Unwissenheit. Zugleich ist die Darstellung des Drachenkampfes Symbol für eine Prüfungsaufgabe, an derem Ende ein Schatz steht, den der Erfolgreiche erringen kann. Religiöse Szenen, wie die vom Leiden und der Auferstehung Christi sind ebenso zu finden wie die Selbsterhängung des Judas Iscariot. Eine Kuriosität ist auch zu sehen, nämlich Menschen, deren Köpfe mit Federn geschmückt sind, die also wie Indianer aussehen. (Später stoße ich an anderer Stelle auf den Hinweis, dass die Steinritzungen aus dem 16. Jahrhundert sein sollen).

Neben dem Bild eines gestrandeten Schiffes, wie ich es auch im Templergefängnis von Domme gefunden habe, steht ein rätselhafter Satz: *O Mater Die Memento Mei – Poulain* (Oh, Mutter Gottes, erinnere dich meiner – Poulain)

Dieses gestrandete Schiff – nur in die entgegengesetzte Richtung zeigend – habe ich auch schon an einem anderem Ort gesehen.Genauso wie hier fein säuberlich in den Stein geritzt, nur in anderer Richtung, kann man es auch in der Kirche Saint-Gervais-Saint-Protais wieder finden. Ob mich der geheimnisvolle Poulain dorthin schicken will? Warum nicht?

Die Kirche Saint-Gervais-Saint-Protais wurde 1249 gebaut, 1497 und in den Jahren zwischen 1515 und 1591 umfangreich erweitert. Sie ist neben der Burg das zweite dominierende Bauwerk von Gisors. Sobald man die Kirche durch das Hauptportal betreten hat, stößt man linkerhand auf die Darstellung des Heiligen Avoye, dessen Orden es zwar heute nicht mehr gibt, von dem man aber wissen muss, dass er an derselben Stelle in Paris seinen Hauptsitz hatte, wo einst der Temple – Hauptsitz des Mönchsritterordens – gestanden hat. Weiterhin treffe ich auf eine bemerkenswerte Darstellung. Sie zeigt David, das Schwert umklammernd – ist es nicht in Wirklichkeit eine Schleuder gewesen? – nach seinem Sieg über Goliath. David selbst ist gealtert, wirkt jedenfalls nicht jung und hält ein Buch in der Hand – Symbol für die Geheimlehre der Tempelritter. Zu seinen Füßen liegt das abgeschlagene Haupt seines Gegners, und dieses Haupt ist maskiert und befindet sich neben einem geschlossenen Buch.

Wer mag sich unter dieser Maske verstecken? frage ich mich – Und warum liegt dieses Haupt ausgerechnet neben dem Buch der Geheimnisse? Weil es selbst ein großes Geheimnis des Ordens darstellt? Wer dieses Haupt demaskiert, kennt den Inhalt des geschlossenen Buches, dachte ich damals – und nicht anders verhält es sich.

Ganz in der Nähe dieser Darstellung entdeckt man auch das gestrandete Schiff, wie es der Gefangene in Gisors neben seinem Hilferuf »Oh, Mutter Gottes, erinnere dich meiner – Poulain« in die Wand – womit auch immer – geritzt hat. Und hieß dieser geheimnisvolle Gefangene wirklich Poulain? In den historischen Akten ist nichts über ihn vermerkt. Bei dem französischen Autor Grasset d'Orcet fand ich jedoch einen nicht unwichtigen Hinweis auf die wahre Identität von Poulain. In seinem Buch *Kryptografisches Material* schreibt er über die Templer, dass sie die aufgehende Sonne verehrten wie viele antike Völker, so auch die Gallier. Ihr Name leitet sich von Gallus, der Hahn, ab. Für die alten Griechen sei Apollo der Sonnengott gewesen, den sie durch einen Hahn, französisch *Poulain*, symbolisierten. Ihre Schiffe schmückten sie an der Spitze mit der Figur eines Hahnes, sodass der Ausdruck Gallionsfigur auf Französisch *Poulaine* heißt.

Mit Poulain ist also kein Gefangener speziell gemeint. Der Begriff, den irgendein Eingeweihter in die Wand des Turmes von Gisors geritzt hat, steht für eine bestimmte Idee. Poulain, der Hahn, der den Schiffssteven verziert. Der Hahn ist zugleich ein Teil des Körpers von Gott Abraxas, der auf den geheimen Templersiegeln zu sehen ist. Dass die Interpretation von Poulain als *verzierte Spitze der Steven eines Schiffes* nicht falsch ist, beweist die Zeichnung eines Schiffes, die man in dem Raum, eine Etage über dem Gefängnis von Poulain, in die Wand geritzt finden kann. Das *poulaine* des Schiffes wurde überdeutlich aus dem Stein herausgearbeitet.

Und ein Letztes entdecke ich in der Kirche, zu der mich der Gefangene geführt hat: Neben dem *Pfeiler der Gerber*, der dem Heiligen Nikolaus geweiht ist, findet sich eine seltsame schriftliche Botschaft. Der Heilige Nikolaus ist der Patron der Gefangenen und zugleich mit dem Bergwerk, dem Abbau unter Tage verbunden. Unser deutsches Wort Nickel leitet sich von seinem Namen ab. Der Pfeiler trägt eine bis heute nicht entschlüsselte Botschaft: Ie Fus Ici Acis L'an Isz. Verweist er uns etwa auf die ägyptische Isis?

Was aber wollen uns all diese Zeichen sagen? Dass die Geheimlehre und der Schatz der Templer nicht verloren gegangen sind und mit Schiffen – man denke an La Rochelle und die verschwundene Flotte der Templer – an einen sicheren Ort (Schottland, Neue Welt, Bornholm) gebracht worden sind? Dass alles auf die Prieuré de Sion, deren Großmeister sich *Nautonniers,* also *Steuermänner* nennen, übergegangen ist? Wenn dem so wäre, brauchten wir nach dem materiellen Schatz nicht mehr zu suchen. Ich bin mir jedoch sicher, dass er noch zu entdecken ist.

Der Reichtum der
Armen Brüder vom Tempel

»Die Templer aber, die der Folter und dem Tod entkommen konnten, ließen ihr Hab und Gut im Stich. Sie flohen in alle Richtungen, die einen nach Schottland, die anderen zu abgelegenen Orten, wo sie sich verstecken konnten. Viele blieben allein und führten fortan das Leben eines Einsiedlers«, heißt es in einem französischen Dokument von 1745.[2]

Bevor wir uns auf Schatzsuche quer durch Europa begeben, muss erst einmal geklärt werden, ob die Templer wirklich so unermesslich reich gewesen sind, wie immer behauptet wird. Immerhin nannten sie sich auch die *Armen Brüder vom Tempel* und trugen in den ersten zehn Jahren ihres Bestehens eher Lumpen und abgelegte Kleider statt kostbarer Gewänder. Aber von Anfang an ist der Orden auf Erfolgskurs. 1119 in Jerusalem von neun fränkischen Rittern gegründet, zählen 1127 nach der Anerkennung durch den Papst auf dem Konzil von Troyes schon 300 Brüder zu den Templern. Der rasche Aufstieg des neuen Ordens beschleunigte sich vor allem durch die Unterstützung des charismatischen Kirchenmannes Bernhard von Clairvaux.

Der Orden bestand aus vier Klassen:
1. Die Ritter, *fratres milites* (kämpfende Brüder), die anfangs noch adeliger Herkunft sein mussten.
2. Die Kapläne, *fratres capellani* (betende Brüder), die geistige Elite, die das Geheimwissen gehütet hat.
3. Die Knappen und Herolde, *fratres servientes* (dienende Brüder), die schwarze Mäntel trugen.
4. Alle Hausleute, Landarbeiter, Knechte und Handwerker, *fratres famuli et officii* (arbeitende Brüder), die braune oder blaue Ordensgewänder trugen. Die Handwerker waren noch einmal in die *Gesellen der Freiheit* gegliedert (Baumeister und Steinmetze), *Gesellen der Pflicht* (Schreiner und Schlosser) und *Meister der Axt* (Zimmerleute).

---

2 Zitat nach: Michel Lamy, *Les Templers*, Bordeaux 1997, S. 260/261.

Sowohl die Kapläne als auch die Ritter bildeten das *Schwergewicht* innerhalb des Templerordens. Die Waffen der Tempelritter waren von einem bestimmten Zeitpunkt an mit kabbalistischen Symbolen geschmückt – eine jüdische Geheimlehre, die von den Waffenherolden gehütet wurde.

Von Anfang an gibt es Sonderregeln für die Templer. Vom Zehnten (Steuern) werden sie befreit, dürfen selbst teilweise den Zehnten erheben und fast immer die gesamte Kriegsbeute behalten. Viele Adelige überlassen den Templern ihre Einkünfte oder belehnen den Orden mit Land. Ehrenstellen werden an Tempelherren verliehen, und an vielen Orten in ganz Westeuropa gab es Stadthäuser und Burgen, obwohl der Hauptsitz nach wie vor in Jerusalem blieb. Über 30 000 Ritter kann der Orden Anfang des 13. Jahrhunderts mobilisieren. Sein Einflussbereich hat sich vom Mutterland Frankreich nach Deutschland, England, Spanien, Portugal, Italien, auf dem Balkan und selbstverständlich nach Palästina ausgeweitet. Der Orden der Armen Brüder ist die mächtigste Institution des Mittelalters.

Bei vielen wichtigen politischen Entscheidungen stehen Templer mit in der ersten Reihe, und häufig genug ist ihr Reichtum das Zünglein an der Waage. Mit der Zeit entwickeln sie sich zu wahren Großfinanziers, obwohl sie persönlich zu einer asketischen Lebensweise und eher schlichten Kleidung verpflichtet sind. Als sich zeigt, wie gut der Orden sich auf die Verwaltung von Reichtümern versteht, wird ihm von Königen und Päpsten die Verwaltung von Liegenschaften, Steuereinnahmen, Gold, Geld und Juwelen anvertraut. Ihr Bankgeschäft floriert. Man darf die Templer mit Fug und Recht sogar als Erfinder des Girokontos bezeichnen. Eröffnung von laufenden Konten, Aussetzung von Renten und Pensionen, Darlehen, Bürgschaften, Pfandleihe, Inkassogeschäfte, internationaler Geldtransfer, Wechselgeschäfte sind sein ganz besonderes Metier. Wer in Paris oder London einzahlt, der darf sicher sein, dass er sein Geld über einen Wechsel in jeder beliebigen Währung in Jerusalem oder Griechenland zurückerhält. Wechselbrief und Scheck werden von ihnen erfunden, und sie scheuen sich nicht, auch die Anlageberatung für Herrscher und Handelshäuser zu übernehmen und sogar moslemischen Potentaten Kredite zu geben.

Darüber hinaus werden sie zu Initiatoren für die Errichtung bedeutender Kathedralen und vollbringen erstaunliche Leistungen auf dem Gebiet der Architektur. Spanische Kirchen, die von Templern errichtet worden sind, zeigen in ihrer Architektur eine wunderbare Synthese von gotischen und orientalischen Elementen.

Es ist schwierig, das Gesamtvermögen des Templerordens richtig einzuschätzen, wohl auch deshalb, weil man nicht sicher sein kann, dass sie selbst ihre Einkünfte immer richtig beziffert haben. Nach der Auflösung des Ordens erbten die Hospitaliter einen großen Teil des Templerbesitzes. Das waren in erster Linie unbewegliche Güter, also Grundbesitz und selbstverständlich die laufenden jährlichen Einkünfte der Komtureien. So sollen im Jahre 1308 die englischen Komtureien insgesamt 4 351 Pfund erwirtschaftet haben, und für die Freigrafschaft Burgund haben wir eine Zahl für das Jahr 1295 in Höhe von mehr als 4 000 Pfund. Es lässt sich durchaus abschätzen, dass der Templerorden beträchtlichen Gewinn aus seinen landwirtschaftlichen Gütern zog, vor allem, wenn man die Gesamtentwicklung des Ordens über einen Zeitraum von fast 200 Jahren bedenkt. Hinzu kamen Wegzölle, Nutzungs- und Gerichtsgebühren, die der Orden ebenfalls erhob. Überschüsse flossen ins Heilige Land, wo Gelder dringend für den Erhalt oder Ausbau von Befestigungsanlagen und für den Unterhalt der Ritter gebraucht wurden. Wenn man nun weiß, dass bei Auflösung des Templerordens außer Grundbesitz – allein in Frankreich nannte der Orden etwa zwei Millionen Hektar Land sein Eigen – so gut wie kein Geld, Gold, Silber oder Juwelen gefunden wurden, so darf man schon darüber spekulieren, was aus dem Reichtum der Templer geworden ist. Eine Reihe von Historikern behauptet gar, dass der Reichtum der Templer übertrieben worden wäre und dass die Mönchsritter im 13. Jahrhundert immer unbeliebter geworden seien, sodass sie am Ende verarmten. Aus diesem Grunde hätte der König von Frankreich auch keinen Ordensschatz an sich reißen können. Andere Historiker wiesen jedoch nach, dass die Templer verglichen mit anderen Orden ihrer Zeit – Hospitaliter, Johanniter – im Volk nicht mehr oder weniger beliebt gewesen waren als diese.

Verlässliche Zahlen über das Vermögen der Templer zu jenem Zeitpunkt, als Krone und Papst zum Schlag gegen sie ausholen, besitzen wir nicht. Wir können nur schätzen, und bei 100 Millionen Franc jährlichen Einnahmen schwanken die Vermutungen über das Gesamtvermögen um 1307 zwischen 50 Millionen und 120 Millionen Livres. Eine Summe, die für heutige Verhältnisse schon ungeheuerlich groß erscheint. Zu diesen Millionen kommen aber noch viele weitere, weil die Templer immer darauf aus gewesen sind, Schätze jeglicher Art aufzuspüren. Das betrifft kostbare Reliquien, Schädel von Heiligen, darunter diejenigen von den Aposteln, das Grabtuch Jesu, die Bundeslade usw. ebenso wie materielles Gut. In ihrem *geistigen Kernland*, dem Languedoc/Roussillon, waren sie die Hüter eines uralten Schatzes, den einst Titus im Jahre 70 n.Chr. aus Jerusalem und später die Westgoten aus Rom gestohlen hatten: den *Schatz von Jerusalem*, wozu sowohl der siebenarmige Leuchter, die Menorah, aber auch Gold und Edelsteine zählten. Dieser berühmteste Schatz aller Zeiten war vor 1500 Jahren im Süden Frankeichs, in den *Corbières* nahe den Pyrenäen, vergraben worden. Hier hatte einstmals die Hauptstadt des Mero-wingerreiches gestanden: Rhedae oder auch Rennes-le-Cha-teau. Wenn wir diesen Schatz demjenigen zurechnen, den sich die Templer im Laufe von fast zwei Jahrhunderten durch ihre verschiedenen Tätigkeiten *verdient* hatten, dann kommen wir auf eine sehr große Summe, die auch heutzutage einen Bill Gates erblassen ließe. Wonach wir also suchen, stellt folglich ein so enormes und mächtiges Kapital dar, dass der-jenige, der es in seinen Besitz brächte, ganze Staaten damit aufkaufen könnte.

Portugal – Land des Grals und des Schatzes?

Man hat sehr schnell vermutet, dass der Templerschatz durch die Flotte der Mönchsritter von La Rochelle an der fran-zösischen Westküste nach Jerusalem, Rhodos oder Zypern gebracht worden sei. Jede Vorstellung ist für sich gesehen verlockend, aber bei genauer Betrachtung kommen die ge-nannten Orte nicht in Betracht. Durch den Fall von Akkon war das Heilige Land verloren gegangen, sodass mit dem 14. August 1291 alle Templer diese Region verließen, Tyrus, Beirut und Sidon evakuierten und sich Richtung Zypern oder Frankreich einschifften. Rhodos gehörte seit 1309 dem Hospitaliterorden, der die Insel drei Jahre früher erfolgreich angegriffen hatte. Zypern wäre ein würdiger Stützpunkt für die Templer gewesen, denn im Jahre 1306 unterstützten sie die Revolte Amalrichs gegen seinen Bruder Heinrich von Zypern. Aber was hätte ihnen das letztlich gebracht? Nichts. Unter Amalrich wären die Templer auf Zypern ein Staat im Staate geblieben und insofern machtlos. Hier den Haupt-schatz zu deponieren, wäre ihnen sicherlich auf Dauer schlecht bekommen. Zypern wäre nur dann ein geeigneter

Ort gewesen, wenn sich die Templer von vornherein der Insel bemächtigt hätten, wie die Hospaliter der Insel Rhodos. Aber das hatte Jacques de Molay versäumt; stattdessen träumte er 1306 von einem Feldzug gegen Ägypten, für den er sowohl beim Papst als auch bei Philipp von Frankreich um Unterstützung warb. Erfolglos.

Rhodos und Zypern scheiden somit als Verstecke für den Schatz aus.

Portugal wurde und wird ebenfalls im Zusammenhang mit dem Verbleib des Templerschatzes immer wieder genannt. In der Tat nimmt Portugal eine Sonderstellung in der gesamten Templergeschichte ein. Einmal davon abgesehen, dass Portugal als einziges Land die Mönchsritter nach 1307 nicht verfolgte, hatte es für den Orden schon am Beginn seines Aufstiegs eine große Bedeutung.

Dabei wird Merkwürdiges deutlich. Zum einen soll die Regentin Teresa den Templern bereits am 19. März 1128 Besitzüberschreibungen, darunter das Kastell von Soure im Norden des Landes, bestätigt haben, also noch vor dem Konzil von 1129 in Troyes. Das ist deshalb so außergewöhnlich, weil man bisher annahm, dass sich die Templer von 1119, dem Jahr ihrer Gründung, bis zum 13. Januar 1129, dem Tag ihrer offiziellen Anerkennung durch die Kirche, ausschließlich auf ihre Aktivitäten in Jerusalem konzentriert hatten. Zum anderen wird Portugal auch dadurch für die neue Templerforschung interessant, weil sich bei der Ordensgründung ein Tempelbruder namens Arnaldo da Rocha unter den neun Templern befunden haben soll. Das ist äußerst mysteriös, denn ein solcher Name taucht in keinen Dokumenten auf, in denen die neun ersten Templer namentlich aufgeführt sind. Überlegungen, dass dieser Templer eventuell mit dem Großmeister Arnalt de Torroja, der von 1180 bis 1184 Großmeister des Ordens gewesen ist, verwechselt wird, machen die ganze Angelegenheit keineswegs einfacher oder klären sie ein für alle Mal. Ganz im Gegenteil. Aber wer nun dieser Arnaldo da Rocha gewesen ist, bleibt im Dunkeln.

Es fällt nur auf, dass Portugal von Anfang an mit im Spiel ist. Bemerkenswert auch die Tatsache, dass die Enkelin der Königin Teresa sich selbst in einem Kaufvertrag als *Schwester der Templer-Miliz* bezeichnet. Damit dürfte feststehen, dass der Orden auch weibliche Mitglieder aufnahm.

Wie bedeutend Portugal für die Tempelritter gewesen sein muss, macht ein anderes Ereignis deutlich, das bis heute große Rätsel aufgibt. Besonders konservativen Historikern sträuben sich angesichts dessen die Haare, was ihnen da Ungeheures vorliegt.

Im Februar 1159 vermacht Afonso I., König von Portugal und großer Freund und Gönner des Ordens, den Templern das bis dahin menschenleere Gebiet um Cera. Das Dokument, auf dem diese Schenkung besiegelt ist, trägt kein Wachssiegel wie üblich, sondern einen runden Stempel, der aus zwei äußeren Ringen und einem ungewöhnlichen Chrismon besteht. Im äußeren Ring stehen Titel und Namen des Königs: Alfonsus Rex. Im inneren Ring werden seine Söhne als Zeugen dieser Schenkung angegeben: Cum Filiis Suis. Die Anordnung der Buchstaben um das Chrismon ergeben die Worte: *Por tuo Gral* (Für deinen Gral) Man kann auch *Portugal* lesen, denn Doppeldeutigkeit ist eine Spezialität des Ordens und seiner Freunde gewesen. Wie gesagt 1159!

Die großen Dichtungen über den Gral entstehen erst 30 Jahre nach dieser Schenkungsurkunde. Übersetzungen des Parzival ins Portugiesische erscheinen sogar erst 1272. Kann also vom Gral ernsthaft geredet werden? Durchaus. Wenig bekannt ist, dass eine Darstellung der Artus-Sage am Nordportal der Kathedrale von Modena in Norditalien zu sehen ist. Und diese Reliefs sind zwischen 1110 und 1130

Der Fischerkönig in der Kirche von Mensano

entstanden. Das bedeutet, dass Artus und die damit zusammenhängenden Erzählungen, in denen es auch um Parzival und die Suche nach dem Heiligen Gral geht, vor den schriftlichen Zeugnissen im Volk bekannt gewesen sind. Eine Darstellung des *Fischerkönigs* entdeckte ich in der kleinen romanischen Kirche von Mensano westlich von Siena (Toscana) als herrlich gearbeitetes Säulenkapitell aus der Mitte des 12. Jahrhunderts.

Der Gral und die mit ihm verbundene Geschichte ist also damals für viele Menschen zumindest in Südeuropa nichts Unbekanntes gewesen.

Aber warum nennt sich ausgerechnet Portugal das Land des Grals? Oder ist das Gebiet um Cera die Heimstatt des

Grals, was auch immer der Gral sein mag? Für die damaligen Menschen war der alltägliche Gral nichts anderes als ein Haushaltsgerät, eine Platte, ein Gefäß für Speisen. Das ist zumindest die ursprüngliche Bedeutung des Wortes. Es gab demnach auch eine spirituelle Deutung. Aber ich werde mich im nächsten großen Kapitel noch eingehend mit diesem Thema befassen.

Doch zurück zum fast menschenleeren Gebiet um Cera, das zum damaligen Zeitpunkt vornehmlich aus einem heruntergekommenen Kastell bestand. Die Burg war so sehr beschädigt, dass die Templer sie nicht renovieren wollten. Am 1. März 1160 begannen sie deshalb einige Kilometer südlich davon mit dem Bau einer neuen Burg. Wer sie heutzutage besucht, ahnt kaum, wie die Anlage am Anfang ausgesehen hat. Tomar ist eine Arbeit von Generationen. Immer wieder ist an dem prächtigen Bauwerk gebaut, verändert, abgerissen und ergänzt worden. Tomar erstreckt sich über sieben Hügel – ähnlich wie Rom oder Jerusalem. Der Grundriss der Templer-Zitadelle ist herzförmig, was zu vielerlei Vermutungen Anlass gibt. Tomar war die Schaltzentrale der portugiesischen Templer, deren Ordensmeister in den Jahren 1159 bis 1195 Gualdim Pais, auch Galdinus genannt, gewesen ist. Noch heute wird sein Andenken in Portugal bewahrt. Sein Denkmal steht mitten in Tomar.

Was Tomar und die Burg der Templer so anziehend macht, sind die unterirdischen Gänge und Stollen, die nach wie vor unerforscht sind. Gold und Edelsteine sollen tief unter der Burg in zugemauerten oder zugeschütteten Räumen von den Templern versteckt worden sein. Zisternen aus jener Zeit bieten ebenfalls ausgezeichnete Möglichkeiten für Schatzverstecke. Ja, Tomar und seine bislang unerforschte Unterwelt böte den richtigen Platz, an dem der sagenhafte Templerschatz liegen könnte. Vor allem, wenn man weiß, dass die Templer aus Südfrankreich und Spanien nach 1307 dorthin flohen.

Die Templer wurden in Portugal nicht verfolgt. Sie mussten zwar ihren Namen ändern, aber sie durften dafür auch ihre Besitztümer behalten. Am 14. März 1319 erstand die Ritterschaft auf portugiesischem Boden neu. Als *Christusritter*, so nannten sie sich schon auf frühen Urkunden *(Milites Christi)*, wurde der alte Templergeist neu belebt. Templer aus ganz Europa schlossen sich dem Orden des Großmeisters an und schworen sowohl ihm als auch dem König von Portugal ewige Treue.

1356 zog der Christusorden wieder in das ehemalige Templer-Zentrum von Tomar, das ebenfalls einen neuen Namen erhielt: *Convento de Christo* (Christuskloster). Pentagramme, wie sie bereits das Familienwappen Hugo de Payns, des ersten Großmeisters der Mönchsritter, schmückten, fallen dem Besucher im Kreuzgang der Kirche von Tomar ins Auge. Der Fünfzackige Stern ist zum einen das Siegel Salomons, aber auch ein Heiliges Zeichen des Islam, und hier eng mit der Tochter Mohammeds – Fatima – verbunden. Großmeister des Christusritterordens waren mitunter Seefahrer und Entdecker wie Heinrich der Seefahrer oder Vasco da Gama. So wurde der Geist der Templer in die Welt hinausgetragen; Besitzungen in Afrika und Ostindien erworben, wodurch der Orden zum reichsten der Christenheit wurde. 1523 wurden aus den Rittern friedfertige Mönche, die nur noch die Kutte trugen, 1789 der Orden säkularisiert und 1910 aufgelöst.

Ob der Ordensschatz in den verborgenen Räumen unterhalb der Zitadelle seiner Entdeckung harrt? Es wird schwierig, das herauszufinden, denn die Behörden haben sämtliche Untersuchungen strikt untersagt. Weder professionelle Archäologen oder Templerforscher, noch Hobbyschatzsucher dürfen sich auch nur ansatzweise in der Nähe eines bestimmten Brunnens auf dem Gelände aufhalten, von wo aus man sich in die verlockende Tiefe abseilen könnte. Bis zum Ende des 16. Jahrhunderts erfolgte die gesamte Wasserversorgung des Klosters über Brunnen und Zisternen. Danach wurde das Wasser durch ein Aquädukt aus nordöstlich der Anlage gelegenen Quellen herangeführt.

Auch ein Besuch der zinnengekrönten Templerkapelle von 1162, an die sich die Christusritterkirche von 1515 anschließt, ist untersagt. Mehr als ein kurzer Blick ins Innere der wunderschönen Rotunde – Rundkirche – wird nicht gestattet. Die Renovierung der so genannten Charola mit ihrem achteckigen Kern und einer sechzehnseitigen äußeren Schale dauert seit Jahren an. Wer hier auf Schatzsuche geht, läuft Gefahr, sich entweder den Hals zu brechen oder im Gefängnis zu landen.

Liegt hier das Gros des ehemaligen Templerschatzes? Falls er dort jemals gelegen hat, ist davon auszugehen, dass er im Laufe der Zeit für die diversen Unternehmungen des Christusordens, der immerhin bis Anfang des 20. Jahrhunderts bestanden hat, verwendet wurde. Aus welchem Grund hätten die portugiesischen Großmeister des Nachfolgeordens der Templer den Schatz nicht anrühren sollen? Außerdem kann er schon deshalb hier nicht mehr vorhanden sein, weil er an einer viel zu exponierten Stelle läge. Jeder, der sich in den letzten Jahrhunderten für den materiellen Nachlass der Templer interessiert hat, wird vermutlich zuerst in Tomar nachgeschaut haben. Dennoch könnte sich in der unterirdischen geheimen Welt von Tomar etwas befinden, was ebenso bedeutsam wie ein materieller Schatz ist: nämlich Baphomet. In Tomar könnte sein Rätsel endgültig gelöst werden, und das ist nicht weniger gravierend als die Entdeckung von Gold, Silber und Edelsteinen. Warum gerade in Tomar? Auch davon später.

Unterirdische Tempel und Höhlen des Ordens

Da ist immer wieder auch die Rede von Provins, südlich von Paris am rechten Ufer der Seine. Ein Ort, der im Mittelalter von seiner Bedeutung her die Nummer Drei in Frankreich gewesen ist. Auch heute noch ist Provins ein magischer Ort, geradezu ideal, um einen großen Schatz zu verstecken. Die Templer haben sich hier immer zu Hause gefühlt. Eine weitere Stadt bauten sie an der derselben Stelle und nannten sie La Madeleine – der Heiligen Maria Magdalena zu Ehren. Ihre Gebeine hätten in Provins eine würdige letzte Ruhestätte gefunden. Denn das Besondere an Provins befindet sich nicht über der Erde sondern darunter: Höhlen. Ein dichtes Netz von Höhlen und Gängen zieht sich unter dem Hügel hin, auf dem Provins errichtet wurde. Schon seit prähistorischen Zeiten haben sich hier Menschen im Bauch der Erde sicher gefühlt. Diese Katakomben sind noch heute zu besichtigen, und ein Heer von Schatzsuchern hat sich bereits mit Detektoren in die verborgene Welt von Provins begeben, um nach dem Schatz des Templerordens zu forschen. Die Überlieferung besagt, dass im Schutz der unterirdischen Welt die neuen Templer auferstanden sind. Hier haben sie ihr neues Reich errichtet, will man wissen. Gänge führen zu Höhlen, die zu Häusern, Kornspeichern, Kapellen umgebaut worden sind. Man erkennt Säulen und Gewölbe wie in der Jonas-Höhle im Zentralmassiv. Es heißt auch, dass man diese unterirdische Welt von den meisten Häusern Provins aus erreichen kann, durch den Keller in ein noch tiefer gelegenes Reich. Ich habe das selbst erfahren und wurde von einem Bewohner durch seinen Keller in einen großen Saal darunter geführt, in dem sich Graffiti an den Wänden befinden, die alle aus der Zeit der Templer stammen sollen. Aber ich stieß auch auf Symbole der Druiden und der Katharer, von denen hier 180 Menschen verbrannt sein sollen. Was die Schatzsuche angeht, so will man Ende des 19. Jahrhunderts auf einen großen Saal mit einem Brunnen darin gestoßen sein. Wagemutige Schatzsucher seilten sich darin ab und entdeckten an der Sohle des Brunnens eine große Kammer, dreißig Meter unter der Erde. Aber dann stürzte die Decke plötzlich ein und begrub die Männer unter sich. Angeblich war es unmöglich, sie zu bergen, geschweige denn zu retten. Ob sie was gefunden haben, bleibt wohl für immer ein Geheimnis.

Zu fragen bleibt auch, ob es sinnvoll ist, seinen Schatz dort zu verstecken, wo ihn jeder vermutet. Provins war nicht unbekannt. Die Soldaten des französischen Königs haben die unterirdischen Räume als Erstes durchsucht. Nun gut, die Katakomben von Provins sind ziemlich weitläufig und deshalb unübersichtlich. Hier könnte man eine ganze Armee den Blicken der Öffentlichkeit entziehen. Aber ein guter Schatzort sind sie trotzdem nicht; nur ein vorübergehender, eine Etappe. Und unterirdische Gänge, Höhlen oder Tempel der Ordensritter gibt es auch anderswo.

Ich hatte bereits in meinem letzten Buch über die Templer *(Die Wächter des Heiligen Gral)* von einer Wiederentdeckung gesprochen, die ich nach jahrelangem Suchen in der Normandie gemacht habe. Durch einen alten französischen Text war ich auf einen unterirdischen Tempel des Ordens aufmerksam geworden; wo dieser allerdings zu finden war, stand nicht dabei. Dass mitunter der Zufall bei solchen Entdeckungen eine gewichtige Rolle spielt, kannte ich von Royston in England her. Dieses Städtchen liegt ungefähr 15 Meilen nördlich von Cambridge und rühmt sich, den einzigen unterirdischen Tempel des Ordens der Mönchsritter zu besitzen. Im August des Jahres 1742 hatte ein Bauer zufällig einen alten Mühlstein angehoben und dabei den Eingang zu einer Höhle freigelegt. In der Hoffnung, einen Schatz zu finden, ließ er sich an einem Seil in die Dunkelheit hinab. Was er aber entdeckte, waren rätselhafte Graffiti an den Wänden, menschliche Skelette und zerbrochenes Geschirr. Der einstige Tempel der Mönchsritter in England hat mittlerweile viele Besucher gesehen. Die Steinritzungen an den Wänden – Graffiti – erinnern auf seltsame Weise an jene in Chinon oder Domme. Neben dem Heiligen Christopherus, der sich auf einen langen Stab stützt, sind die Heilige Katharina, die Heilige Maria Magdalena, König David und der Heilige Georg, der Drachentöter mit den zwölf Aposteln zu sehen. Das Siegel der Templer mit den zwei Rittern auf einem Pferd und ihre roten Kreuze befinden sich ebenfalls unter den zahlreichen Darstellungen. Nicht wenige glauben, dass der unterirdische Tempel ein Grab gewesen ist, vielleicht für Lady Roisia. Ich musterte beim Besuch der *Cave* ganz interessiert eine Abbildung, die mich zunächst an einen Bischof mit seiner Mitra auf dem Kopf erinnerte, wie ich sie im Templergefängnis von Domme gesehen hatte. Aber bei genauerer Betrachtung entpuppte sich der vermeintliche Bischof in der *Royston Cave* als ein nackter Mann, der verbrannt werden soll. Jacques de Molay? Verbrannt 1314 auf einer Seine-Insel unweit der Kathedrale? Man darf es annehmen.

Doch zurück über den Kanal in die Normandie. Meine intensive und jahrelange Suche wurde zum Schluss doch noch belohnt, denn im Tal der Touques, nicht weit von Le Havre entfernt, stieß ich endlich auf die unterirdische Anlage, die in einem privaten Waldstück liegt. Auch Louis Charpentier berichtet von unterirdischen Räumen, die die Templer manchmal unter Seen gegraben haben sollen. Für Charpentier wurde unter dem See im Fôret d'Orient bei Troyes von den Ordensrittern ein großes Versteck angelegt, um dort Schätze zu horten. Leider bleibt uns der Autor den Beweis für seine Behauptung schuldig. Ich selbst habe mich in dem alten Templerwald lange aufgehalten und leider keinerlei Spuren ihrer früheren Anwesenheit entdecken können. Vermutlich sind sie dem künstlichen See, der angelegt wurde, als man das Atomkraftwerk mitten in den *Orient-Wald* setzte, zum Opfer gefallen. Dennoch weiß ich aus eigener Anschauung, dass es solche unterirdischen Fluchträume der Templer gegeben hat und eine kleine Anzahl davon auch erhalten ist.

Viele Kommanderien besaßen unterirdische Verstecke in der Nähe von Seen. Die Vorstellung, im *Leib der Erde* zu liegen, ist Bestandteil eines uralten Initiationsritus. Im Schoß der Erde wird man wieder geboren; nur hier erfährt man die Verschmelzung mit dem Unendlichen. Dass man einige solcher von Templern angelegten unterirdischen Räume in der Nähe von Gewässern gefunden hat, legt den Gedanken nahe, dass Templer hier geheime Initiationsriten abgehalten haben. Derartige künstlichen Höhlen stammen aus der Zeit, als der Orden noch recht jung war. Vermutlich wirkte hier die Aufforderung Bernhards von Clairvaux noch nach, sich abseits der Welt im Wald, in der Wildnis, unterirdisch eine geistige Zuflucht zu suchen. Der von mir wieder entdeckte *Bove des Chevaliers* liegt in einer Region, in der die Templer recht aktiv gewesen sind. Ganz in de Nähe verläuft der alte Pilgerweg nach Santiago de Compostela. Die genaue Stelle heißt *Wald von Jaunière,* und sie liegt 45 Minuten Autofahrt südlich von Lisieux. Schon die Ortsbezeichnungen in seiner Nähe sind erwähnenswert: *Prévotière à Babylone* (Propstei von Babylon), die man durch die *Porte-Lancière* (Stech-Ginster-Tür) erreicht, vorbei am *Croix-Rouge* (Rotem Kreuz), dem *Rouges-Terres* (Rotem Land), der *Le Nouveau-Monde* (Neuen Welt) und schließlich über den *Pont-Percé* und den *Pont de Vie* (Durchbohrte Brücke und Brücke des Lebens). Dass die ro-

Der *Bove des Chevaliers* in der Normandie

te Farbe ein direkter Hinweis auf die Templer ist, wird deutlich, wenn man weiß, dass man sie in der Bretagne und in einigen Teilen der Normandie die *Roten Mönche* genannt hat.

Als ich zuletzt zusammen mit einem Freund durch den wolfsbaugroßen Eingang in die *unterirdische Kirche* krieche, stockt mir der Atem, und ich stelle sogleich fest, dass sie nicht in erster Linie als Zufluchtsort errichtet worden ist. Hier wollte sich niemand verstecken. Dafür spricht die Architektur eine zu deutliche Sprache: der große Saal hat die Form eines keltischen Kreuzes; von seinem Innern führen rechteckige oder runde Durchgänge zu einem Rundgang mit sieben Einbuchtungen. Welche geheime Zeremonien mögen hier in der Frühzeit des Ordens stattgefunden haben? Erinnern wir uns, dass auch unter der Burg von Gisors eine Kapelle existieren soll, die der Heiligen Katharina geweiht ist. Später errichteten die Mönchsritter dafür *überirdisch* ganz bestimmte Tempel, wie man sie in Eunate, Lanleff oder Montsaunès noch bewundern kann. Aber der kreisförmige Umlauf blieb auch bei diesen erhalten. Ihre Vorläufer sind jedoch unzweifelhaft die Wälder und unterirdischen Kammern in der Nähe von einsamen Seen gewesen, wenn auch nicht alle solch eine wunderbare Atmosphäre besitzen wie der *Bove des Chevaliers*. Um hier Schätze zu verstecken, ist der Ort zu klein, und die spirituelle Atmosphäre des Tempels überzeugt mich auch davon, dass der Orden sie niemals dem Mammon geopfert hätte.

Eine weitere wunderbare Templer-Anlage sind die Jonas-Grotten südlich von Saint-Nectaire im Zentralmassiv, sozusagen mitten in Frankreich. Auch von diesem geheimnisvollen Ort erzählt man sich, dass er Gold und Edelsteine der Mönchsritter bewahrt. In der Tat fanden hier nach 1307 Templer einen idealen Unterschlupf. Sie höhlten den Berg weiter aus und schufen eine kleine Stadt, für deren Besichtigung man mehr als zwei Stunden braucht. Steinerne Treppen führen zu ehemaligen Schlaf- und Waffenräumen. Man betritt eine Küche mit einem aus Stein gehauenen Herd, verschiedene Aufenthaltsräume und ein Refektorium. Bemerkenswert ist vor allem die Kapelle mit ihren Säulen und Kapitellen, die dem Heiligen Laurent geweiht ist. Schöne Fresken schmücken die Wände des Gotteshauses. Man erkennt eine majestätische Jungfrau, Jesus vor Pilatus, der Auferstandene erscheint Maria Magdalena, Kreuze, Frauen am Grab und ist sofort beim geheimen Thema des mittelalterlichen Ordens: Jesus, der laut vieler gnostischer Texte seine wirkliche Botschaft Maria Magdalena mitteilt. Andere Schätze vermute ich hier nicht. Es sei denn, die Mönchsritter hätten diese irgendwo im Berg eingemauert. Aber das Versteck wäre spätestens in der Französischen Revolution, als man hier intensiv nach jedem noch so winzigem Teil des Edelmetalls suchte, entdeckt worden.

Die Drachenhöhle von Mallorca

Bewahrt die berühmteste Urlaubsinsel der Deutschen, das 17. Bundesland, am Ende ein jahrhundertealtes Templergeheimnis? Baphomet in S'Arenal? Nein, so weit kommt es Gott sei Dank doch nicht, aber die bekannte Baleareninsel ist für den Templerorden nicht ohne Bedeutung gewesen. Auch der Schatz wurde hier einst vermutet, denn bereits vor mehr als 600 Jahren haben Menschen danach auf Mallorca gesucht. Damals drang eine kleine Gruppe von zu allem entschlossenen Männern in die Unterwelt der Insel ein. Man schrieb das Jahr 1339. Das Ziel der mittelalterlichen Schatzsucher war das Innere von Coves del Drac, der *Drachenhöhle* in der Nähe von Manacor. Heute werden hier Millionen von Touristen durchgeschleust. Damals war die Höhle noch unerforscht und deshalb ein Risiko für die Männer. Auch ihre Fantasie und ihr Aberglaube stehen ihrem Unternehmen eigentlich im Weg. Die Unterwelt ist das Reich des Teufels. Hier hausen schreckliche Wesen. Tropfsteine und der unterirdische See werden auf die Menschen des Mittelalters erschreckend gewirkt haben. Die Männer müssen also von einer großen Gier erfasst gewesen sein, dass sie sich diese Expedition überhaupt zutrauten.

Das Unternehmen selbst ist aktenkundig. Es geht um den Reichtum der Templer von Mallorca, die ihre Schätze bei ihrer mehr oder weniger überstürzten Flucht von der Insel nicht mitgenommen haben sollen. Die abgrundtiefe Drachenhöhle könnte das ideale Versteck des Ordens gewesen sein, weil sie nicht auf den ehemaligen Templerbesitzungen liegt. Wer würde hier danach suchen wollen? werden sich die Ordenritter deshalb gedacht haben. So ist die Coves del Drac für die Expedition zum interessanten Objekt ihrer Begierde geworden. Als Anführer der Truppe wird ein gewisser Bernat Gartell genannt, dessen Gier nach dem Schatz des zwei Jahrzehnte zuvor untergegangenen Ordens so groß ist, dass er sich dafür sogar in den *Abgrund der Hölle* mit seinen geheimnisvollen Tropfsteinen wagt. Von allen möglichen Orten auf Mallorca kommt für ihn nur dieser infrage. Ob Gartell und seine Männer fündig geworden sind, wird nicht berichtet, aber vermutlich erwies sich seine Expedition wie viele andere als Fehlschlag.

Wer heute nach Spuren der Templer auf Mallorca sucht, wird schneller fündig als gedacht. In Palma führt die Carer del Temple – der Tempelweg – direkt zum Tempelplatz. Hier steht der kleine, trutzige Palast, den die Mönchsritter einst vom König nach der Eroberung der Insel und Vertreibung der Mauren im Jahre 1229 erhielten. Ecktürme und Portal des im Laufe der Jahrhunderte mehrfach umgebauten Gebäudes sind gut zu erkennen. Ein wenig versteckt liegt die ehemalige Templerkapelle, die heute von einem katholischen Verein betreut wird. Das alte Altarbild, auf dem der Autor der Ordenregeln zu sehen ist, Bernhard von Clairvaux, hängt im staatlichen Museo de Mallorca. Dicht neben der Ordensburg lag im 13. Jahrhundert das Judenviertel. Die Templer gewährten den Juden Wasserrechte und erhielten dafür von ihnen im Gegenzug ein in damaliger Zeit einmaliges Spezialwissen: die Kunst der Anfertigung von Seekarten.

1231 erlaubte König Jaime I. den Ordensbrüdern, in Inca 30 Familien sarazenischer Leibeigener anzusiedeln. Die Männer arbeiteten als Pachtbauern und waren am Ertrag der Olivenernte beteiligt. Die alten Mühlen aus jener Zeit sind ebenfalls noch zu sehen. Die Toleranz der Templer gegenüber den moslemischen Leibeigenen zeigt sich darin, dass die Menschen sowohl weiterhin arabisch sprechen durften als auch ihre Religion ausüben konnten. In der Pfarrkirche von Inca hängt nicht nur ein altes Glockenrad, das weissagte, sondern an den Orden erinnert auch noch das Taufbecken mit der Holzwinde, die den Täufling wieder aus dem Wasser zog. Vergessene Templerrituale. Straßenschilder und die trutzig erbaute Kommanderie von Pollenca verweisen auf die Templer, die einstmals hier auch Recht sprechen durften. Auf dem Kalvarienberg, wo sich heute die Ermita de Nuestra Senora del Puig befindet, stand in jener Zeit weithin sichtbar ein Galgen.

Warum überhaupt auf Mallorca nach einem Schatz des Ordens gesucht wurde, erklärt der Fund eines Dokumentes vom November 1307. Darin steht an den Ordensmeister von Mallorca von einem Bruder aus Katalonien geschrieben: »*Verkauft alle Grundstücke und wertvollen Gegenstände. Bringt euer Geld in Sicherheit. Ich fürchte, unsere Organisation, der Tempel, zerbricht.*«[3]

Haben die Templer also ihre Schätze zusammengerafft und an einem sicheren Ort auf der Insel selbst versteckt? War die Drachenhöhle dieser Ort? Für die Sicherheit ihres Leben wählten die Mönchsritter nur eine einzige Möglichkeit: weg von Mallorca – Fluchtziel Portugal. Ist es da sinnvoll, die Schätze in einer Höhle zurückzulassen, um abzuwarten, ob sich das Blatt noch einmal für sie wendete? Oder ist es besser, alles mitzunehmen und damit nach Portugal zu segeln? Denn auf die Baleareninsel kehrten die Templer nie mehr zurück. Allerdings hätten die Templer auch nach La Coulioure, ihrem wichtigsten Hafen an der Küste des Languedoc, segeln können. Ohnehin zählte diese Region mit zu ihrem Einflussbereich und war von Mallorca aus schnell zu erreichen. Dann läge das Gold der Templer der Baleareninsel dort, wo es die meisten vermuten: unter Rennes-le-Château.

Etwas, das in diesem Zusammenhang bisher kaum Beachtung gefunden hat, fiel mir bei meinen Recherchen auf Mallorca auf. Südlich von Palma bei Cala Portals Vells di-

---

[3] Archiv der Krone von Aragón, Barcelona, Registernummer Templarios 18.

rekt am Meer erreicht man über einen schmalen Fußweg an den Klippen entlang eine uralte Höhlenkirche, die Cove de la Mare de Deu. Sowohl der Altar, als auch das Weihwasserbecken wurden aus dem Stein gehauen und erinnern an die Templer-Höhlenkirche südlich von Saint-Nectaire im Zentralmassiv. Bezüglich der Historie dieser ungewöhnlichen Kirche findet man nur spärliche Angaben. Es heißt, Seeleute aus Genua hätten sie aus Dank für die Errettung aus Seenot einst erbaut. Vielleicht haben sie die Höhlenkirche aber auch nur wieder entdeckt und ihre Madonnenstatue in die Nische gestellt, deren Maße exakt jenen entsprechen, die ich in dem unterirdischen Tempel in der Normandie gefunden habe. Auch frage ich mich, warum einfache Seeleute aus Genua die Wände der Kirche mit geheimisvollen Symbolen verzieren sollen, wie ich sie auch an bestimmten Templerkirchen entdeckt habe? Sonne und Mond, Sonnenräder und ein geheimnisvoller Kopf zieren die Wände oberhalb der Nische für die Madonna. Ein Kreuz ist nicht zu sehen. Die ganze Anlage wirkt heidnisch, zumindest häretisch. Ketzerisches jedoch in einer christlichen Kirche ist im Mittelalter fast ausschließlich Sache der Templer gewesen. Haben sie an diesem Ort ihre geheimen Initiationen durchgeführt wie zum Beispiel an anderer Stelle im normanischen Bove des Chevaliers? Und welche Bedeutung hat dann vor allem die Nische gehabt, über der ein Kopf aus dem Stein gehauen prangt? Davon wird später auch noch zu sprechen sein.

Der Templerschatz im Gorge du Verdon?

Neben Rennes-le-Chateau, dem ich ein eigenes großes Kapitel gewidmet habe, gibt es noch eine zweite, zumindest in den letzten Jahren von allen Schatzorten herausragende

Stelle in Frankreich, an der eifrig nach dem Vermächtnis der Mönchsritter gesucht wird. Die Rede ist von der tiefsten Schlucht Europas, dem Gorge du Verdon in der Haute Provence, und den Anstrengungen des Schatzsuchers und Autors Alfred Weysen.

Es ist eine vertrackte und merkwürdige Geschichte. Da gibt es zunächst einen Zettel mit einem Text, geschrieben in französischer Sprache: »*Sous l'ancien Chateau Val-de-Croix se trouve le trèsor de l'ordre des Templiers. Va et cherche. Le saint et la vérité le montreront le chemin.*«

Unter dem alten Schloss Val de Croix befindet sich der Schatz der Templer. Geh hin und suche. Der Heilige und die Wahrheit werden dir den Weg zeigen.

Im Département Haute-Var nördlich von Nizza gibt es eine alte Burgruine: Château de Valcros.

Im Sommer 1983 hielt ich mich wieder einmal in der Provence auf. Ich erinnere mich noch genau, dass ich am Morgen des 24. Juli beim Einkaufen über eine Schlagzeile im *Journal de Var* stolperte, die mich elektrisierte: *Le Trésor des Templiers dans le Verdon* (Der Schatz der Templer im Verdon). Ich kaufte das Blatt und las, dass ein gewisser Alfred Weysen in den Schluchten des Verdon auf einen geheimen Templerplatz gestoßen sei, der das Geheimnis ihrer wahren Lehre endlich lüften würde.

Darüber hinaus erfuhr der Leser, dass Alfred Weysen eine Zeit lang angenommen hatte, dass sich der Schatz der Templer unter dem Schloss von Valcros befände, südlich von Castellane. Ausschlaggebend für seine Annahme war das Buch *Trésor du monde* (Schätze der Welt) von Robert Charroux gewesen, in dem dieser von einem Stanislaw Marcolla berichtete, der in einem alten Gebetbuch eines Vorfahren ein Dokument unbestimmten Alters gefunden hatte. Das Dokument stamme, so Charroux, aus der Zeit der Templer und enthielte einen entscheidenden Hinweis auf den Templerschatz.

Also machte sich Alfred Weysen wie Jahre zuvor schon Stanislaw Marcolla auf den Weg, untersuchte die Burgruine Valcroz südlich von Castellane und fand wenig später in der Kapelle Sankt Thyrse das Bild des Heiligen Coelestin mit dem Begriff *Wahrheit* zu seinen Füßen. So weit war seinerzeit auch auch schon Stanislaw gekommen. Einen versteckten Eingang, wie erhofft, zu den Schätzen der *Unterwelt* entdeckte aber auch Weysen nicht. Also ließ er Hellseher, Wünschelrutengänger, Ingenieure kommen, um ihm bei der Auffindung des verborgenen Schatzes behilflich zu sein. Vergebens. Zuletzt setzte Weysen auf Bulldozer und Dynamit. Ebenfalls vergebens! Aber er gab nicht auf. Schließlich präsentierte Weysen der Öffentlichkeit eine Schatzkarte, die ich bereits in meinem letzten Buch vorgestellt habe.

Auf einer alten Tierhaut von 1313 sind seltsame Symbole und Zeichnungen zu sehen, darunter ein Templerkreuz und der Grundriss einer Kirche. Aber auch der Wahlspruch des Ordens *Non Nobis Domine Non Nobis Sed Nomini Tuo Da Gloriam* (Nicht für uns Herr, nicht für uns, sondern um deinem Namen Ehre zu geben) liest man auf der geheimnisvollen *Karte*. Und ganz erstaunlich finde ich es, dass sich auch jener Spruch, den der Abbé Saunière über den Eingang seiner Kirche in Rennes-le-Château meißeln ließ, auf dem Templerdokument wieder findet: *Terribilis Est Locus Iste* (Schrecklich ist dieser Ort) Wenn es sich hierbei nicht um eine geniale Fälschung handelt, dann stellt Weysens Fund eine wirkliche Sensation dar. Meiner Meinung nach handelt es sich dabei um eine Schatzkarte, die Hinweise auf einen ganz bestimmten Ort gibt. Nur, wie ist sie zu lesen?

Dass sowohl Alfred Weysen als auch Stanislaw (Georges) Marcolla den Templerschatz trotz unfangreichster Suche nicht aufspürten, überrascht mich nicht. Zum einen ist es gerade französischen Schatzsuchern oder Schriftstellern, die sich mit der Frage nach dem Verbleib des Templerreichtums beschäftigen, eigen, dass sie sich ausschließlich auf ihr eigenes Land konzentrieren und nicht auf die Idee kämen, außerhalb der Grenzen Frankreichs danach zu suchen. Diese Auffassung zieht sich durch die gesamte französischsprachige Templerliteratur.

Stanislaw (Georges) Marcolla starb 1984, also ein Jahr nach Weysens öffentlicher Behauptung, er wüsste ganz genau, wo der Schatz der Templer verborgen liege. Der gedankliche Fehler beider Schatzsucher liegt darin, dass sie Valcros oder Val Cros als Verkürzung des Begriffs Val-de-Croix deuten. Cros bedeutet eben nicht das *Kreuz,* sondern im Provencalischen die *Höhle.* Im Mittelalter hieß der Ort auch nicht Valcros sondern Vaucrou. *Val-de-Croix* sollte man in jedem Fall als *Tal des Kreuzes* übersetzen und nicht anders. Keine Frage, dass die Provence den Templern gut und teuer war. Am *Portal der Eingeweihten* der Kathedrale von Chartres und in der Krypta von Saint-Denis im Norden von Paris kann man die in Stein gehauene Bundeslade sehen. Hier in der Provence gibt es etwas Einzigartiges: Die Bundeslade als Freskomalerei in der alten Templer-Kapelle Sainte Philomène in Comps-sur-Artuby südlich des Gorge du Verdon. Und das Besondere daran: die Bundeslade ist geöffnet und wird von zwei Cherubim bewacht. Dass die Lade offen steht, ist sehr mysteriös. Was will uns der Künstler damit sagen? Dass sie leer ist und der Schatz woanders liegt? Oder dass wir nachschauen sollen, ob er noch vorhanden ist?

Ich denke, er liegt woanders, und wir sollten dort nachschauen.

Katharerschatz und Templerschatz –
ein und dasselbe?

Wenn es um den berühmten Templerschatz geht, wird dieser häufig mit dem ebenfalls verloren gegangenen Schatz der Katharer in direkten Zusammenhang gebracht, was nur zum Teil berechtigt ist. Traditionell wird der Schatz der Katharer ohnehin als ein rein geistiger angesehen, also etwas, das in erster Linie aus Dokumenten und Schriftrollen besteht. In diesen geheimen Dokumenten, die natürlich ebenfalls verschollen sind, ist von einer im Sinne der Kirche schrecklichen Häresie die Rede. So erklärten die Katharer, dass zum Beispiel der Gott des AT. Jehovah und der Satan ein und dieselbe Person wären und Jesus einen Scheinleib besessen habe, mit dem sich dann am Kreuz auch *locker* habe sterben lassen. Ihm selbst sei ja nicht viel passiert. Diese Gedanken entstanden aus einer radikalen Ablehnung der Materie, die die Katharer für böse erachteten. Zudem haben sie geglaubt, dass Jesus und Maria Magdalena ein Paar gewesen sind, keineswegs kinderlos, und dass sich deren Blut mit dem der Merowingerkönige vermischt habe. Durchaus ketzerische Gedanken, die auch in höchsten Kreisen des Templerordens vertreten wurden.

Die Templer wiederum schützten die Katharer und boten ihnen in Zeiten der Verfolgung inoffiziell Möglichkeiten an, in Burgen und Komtureien unterzuschlüpfen. Die Katharer stellten aufgrund ihres Glaubens eine große Gefahr für die katholische Kirche dar, vor allem, weil sich viele, vom Christentum enttäuschte Menschen, der katharischen Bewegung anschlossen. Es gab also ein geistiges, esoterisches Vermächtnis der Katharer, und nicht wenige Autoren vermuten sogar, dass die *Reinen*, wie sie sich nannten, handfeste Beweise dafür besessen hatten, dass Jesus mit Maria Magdalena Nachkommen gezeugt hat. Diese Beweise wären am Vorabend vor dem Fall der Festung Montségur von einigen Katharern in Sicherheit gebracht worden, vermutlich sogar zu den Templern, ihren – zumindest im Herzen – Verbündeten.

Eine andere Frage hält sich ebenso hartnäckig wie die nach ihrem Glaubensvermächtnis und dem damit verbundenen Geheimnis, nämlich ob es einen materiellen Templerschatz überhaupt jemals gegeben hat. Für die Katharer war zwar *Geld, die Fäulnis der Welt*, aber es ist auch bekannt, dass sich viele reiche Adelige unter ihnen befanden, die ihr Eigentum der Religionsgemeinschaft überschrieben hatten. Nur so lässt sich auch erklären, wie die Katharer im Languedoc an ihre strategisch günstig gelegenen zahlreichen Burgen kamen, in denen, wie beispielsweise Puivert, die bekanntesten Musiker ihrer Zeit auftraten. Zerstreuung und Musik fehlten demnach auch in manchen katharischen Burgen nicht, ebenso wie Gold, Silber und auch Münzen.

Man weiß auch, dass vor dem Fall der Burg Montségur im Jahre 1244 ein großer materieller Schatz – das Unternehmen soll durch einen entsprechenden Vertrag vorab gesichert worden sein – aus der Burg weggeschafft worden ist und niemals mehr gefunden wurde. Danach verloren 210 Männer, Frauen und Kinder ihr Leben auf dem Scheiterhaufen zu Füßen der Burg Montségur.

Nach diesem Goldschatz der Templer wurde in den nachfolgenden Jahrhunderten ebenso eifrig gesucht wie nach dem Schatz der Tempelritter. Sogar die Nazis, allen voran Himmler und Rosenberg, initiierten eine Suche nach dem verlorenen Gold und Silber der Katharer. Ob sie erfolgreich waren, wissen wir nicht.

Ein wichtiger Ort, den man in diesem Zusammenhang mit den Katharern in Verbindung bringt, sind die Höhlen in Ussat im Ariège. Dort heißt die berühmteste Grotte, in der man auch den Schatz vermutet, Bethléem. Otto Rahn hat in ihr nach dem Heiligen Gral gesucht, aber auch nach Gold und Silber. Die Höhle in den Pyrenäen wurde bereits in Urzeiten bewohnt. Man fand aber auch Hinweise auf die Katharer, kleine fünfeckige Schmuckstücke aus Ton oder Blei, geheimnisvolle Zeichen in die Wände geritzt oder darauf gemalt Sonnenkreuze, Symbole der Gralslegende, und zwar auch etwas Gold, aber niemals einen richtigen großen Schatz. Einige Forscher gehen so weit zu behaupten, dass auch die Templer am Ende ihrer Tage ihre Reichtümer in die Höhlen von Ussat geschafft hätten. Dies ist wie üblich bloß eine Vermutung, denn es wurden keine Beweise dafür vorgelegt. Später hatten sich in der Grotte Bethléem auch die verfolgten Calvinisten versteckt, die die Katharer als ihre Vorläufer im Kampf gegen den Papismus ansahen. Falls es also jemals einen Schatz in der Höhle gegeben haben soll, dürfte dieser schon längst von anderen Zufluchtsuchenden gefunden worden sein.

Brachten die Templer ihr Gold nach Mittelamerika?

Seit dem Auslaufen und mysteriösen Verschwinden der gesamten Templerflotte, bestehend aus 13 Schiffen, im Oktober des Jahres 1307 vom Hafen La Rochelle, sind immer wieder Spekulationen laut geworden, dass ihr Reichtum vielleicht zuerst nach Nordengland und von dort 1398 mit Prinz Henry Sinclair von Schottland an die Küsten von Nova Scotia oder Mexiko gelangt sind. In der Tat existiert eine Beschreibung dieser Atlantiküberquerung aus dem Jahre 1398 als so genanntes Zeno-Dokument. Und noch erstaunlicher: Sowohl die amerikanische Maispflanze als auch der Aloe-Kaktus wurden Jahrhunderte vor Columbus in die

Mauern der Rosslyn-Chapel in Schottland gemeißelt. Vielleicht hat Prinz Sinclair, von dem man weiß, dass seine Familie Templern in den Jahren nach 1307 Unterschlupf bot, den Schatz in der Neuen Welt – wo auch immer – vergraben?

Es bleibt die große Frage, ob Templerschiffe wirklich den Seeweg nach Mittelamerika gefunden haben können. Falls ja, was haben sie dort gesucht? Es ist auch immer ein Rätsel gewesen, warum die Einwohner Mittelamerikas, vor allem die Inka, Weiße erwartet haben und sogar behaupteten, sie wären in früheren Zeiten von ihnen besucht worden. Können das eventuell Templer gewesen sein?

Wir gehen der Frage einmal nach …

La Rochelle, an der Westküste Frankreichs am Atlantik gelegen, ist noch heute ein hübsches Städtchen, das auf seine Vergangenheit stolz ist. Wer sich in den Gassen und auf den Plätzen richtig umschaut, entdeckt auch Spuren der Templer, denen der Hafen von La Rochelle einstmals sehr wichtig gewesen sein muss. Immerhin führen sechs große Verkehrswege, von allen wichtigen Regionen des Landes kommend, direkt zu dieser wehrhaften Stadt. Es ist sehr wahrscheinlich, dass La Rochelle ein bedeutender Ausgangspunkt auf der Route England-Spanien-Portugal gewesen ist. Oder wurde dem Hafen eine noch wichtigere Bedeutung zugesprochen, die uns zunächst einmal ungeheuerlich vorkommt? Der Franzose Jean de La Varende ist zweifellos der erste Autor gewesen, der behauptete, dass die Templer vor allem an Silber interessiert gewesen seien und dass sie das begehrte Edelmetall in großen Mengen in Mexiko gefunden und abgebaut hätten.

Ein Verrückter? Bis vor wenigen Jahren hätte man das sicherlich behauptet, weil man sich bis dahin auch nicht hatte vorstellen können, dass nicht Christoph Columbus, sondern vor ihm der Wikinger Erich der Rote den Weg zum

Amerikanischen Kontinent als Erster fand. Und vor den Wikingern gab es noch einen Iren, der Heilige Brendan, der im 6. Jahrhundert von der irischen Dinglehalbinsel mit einem, für heutige Begriffe zu groß geratenen Schlauchboot den Atlantik erfolgreich überquert hatte. Seine Berichte der Überfahrt sind erhalten und beweisen, dass er tatsächlich nordamerikanischen Boden betreten haben muss. 1976 baute Tim Severin Brandans Boot nach und bewies, dass der Mann kein Schwindler gewesen ist.

Dass im Westen, wo die Sonne untergeht, Land ist und nicht der Rand der Erdscheibe, wird also in bestimmten Kreisen des Templerordens bekannt gewesen sein. Nachzuweisen bleibt nun, dass sie auch dorthin gesegelt sind.

Auffällig ist allerdings, dass die Inkas immer von weißhäutigen und bärtigen Menschen gesprochen haben, die eines Tages in ihr Land zurückkehren würden. Sie wären bewaffnet und würden auf Pferden reiten. Zudem kämen sie in großen Schiffen übers Meer gesegelt, die mehr oder weniger denen der Spanier entsprächen. Falls dies keine nachträgliche Erfindung der Spanier gewesen ist, um ihre blutigen Eroberungszüge in der Neuen Welt zu rechtfertigen, sind solche Aussagen durchaus ernst zu nehmen. Wie sonst hätten Inkas Menschen aus dem Abendland beschreiben können, wenn sie diese Generationen zuvor nicht schon einmal gesehen hätten?

In diesem Zusammenhang existiert ein seltsames Dokument, eine Chronik, die der zum Christentum bekehrte Indio Franzisco de San Anton Munon Chimalpahin Cuauhtlehnantzin geschrieben hat. Darin erzählt er die Geschichte seines Volkes und gibt an, dass sich weiße Menschen, die übers Meer gekommen seien, einst in Mexiko niedergelassen und mit seinem Volk vermischt hätten. Sie hätten sich selbst als Flüchtlinge und Gesandte Gottes und des Militärs bezeichnet. Diese Ankömmlinge hätten sich einen neuen

Namen in der Sprache der Einwohner des Landes zugelegt, nämlich Tecpantlagues. Diese Namensgebung ist äußerst aufschlussreich, denn Tecpan bedeutet nichts anderes als *Tempel, Palast*, und der gewählte Ausdruck steht für *Menschen des Tempels*. Ihre eigene Muttersprache, so der Chronist, hätten sie im Laufe der Zeit verloren oder abgelegt, was schon erstaunlich ist. Ein Spezialist für die Völker Mittelamerikas – Munoz Camargo – beschreibt in seinem 1892 erschienenen Buch *Die Geschichte von Tlaxcala*, dass er auffällige Ähnlichkeiten zwischen der sozialen Struktur der Elite des Volkes von Tlaxcala und der Hierarchie des Templerordens feststellen könne. Erwähnenswert ist auch, dass die spanischen Eroberer das Kreuzsymbol bei ihrer Ankunft entdeckten, wobei das Kreuz als solches universell ist. Es wäre wichtig zu wissen, ob sie das Tatzenkreuz des Templerordens an manchen Stellen vorfanden. Und das scheint zumindest in Mexiko, an einigen Plätzen in Peru und Bolivien der Fall gewesen zu sein. Auf Vasen und Bronzestücken, die vor der Ankunft der Spanier gefertigt worden waren, hat man das Tatzenkreuz entdeckt. Für den Autor Jacques de Mahieu ist es eindeutig, dass die Templer die Silberminen Mexikos ausgebeutet haben und das Edelmetall mit ihren Schiffen nach Europa schafften. De Mahieu will frappierende Ähnlichkeiten zwischen Inkastatuen, die vor 1290 fertig gestellt worden sind und Heiligenstatuen an der gothischen Kathedrale von Amiens in Nordfrankreich festgestellt haben. Seiner Meinung nach wurde hier der Einfluss der Mönchsritter deutlich. Sie hätten ein Zeichen für die Nachwelt hinterlassen. Eine Statue nennen die Indios von jeher *El Fraile – Der Mönch*. Sie ist die exakte Kopie eines der zwölf Apostel am Portal der Kathedrale von Amiens. Hüben wie drüben hält die Figur ein Buch in der linken Hand, trägt einen kleinen Zweig am rechten zylindrisch geformten Ärmel und hat die gleichen Gesichtsproportionen. Der Clou allerdings ist die

Darstellung der Anbetung des Lamm Gottes. Auch sie findet sich am Tympanon der Kathedrale von Amiens wieder – wie an vielen anderen Kirchen Frankreichs auch. Eine ähnliche Darstellung gibt es laut Jacques de Mahieu auch am Hauptgebäude von Tiahuanacu, das man Kalasasaya nennt. Das Merkwürdige ist die Darstellung zweier Engel, die Trompete spielen, ein im vorkolumbianischen Amerika völlig unbekanntes Instrument. Und, um das Maß voll zu machen, man hat auf einem alten mexikanischen Schild ein Herz gefunden, das genau jenem entspricht, wie es Templer im Turm von Coudray in Chinon in die Wand eingraviert haben. Dieses angebliche Herz ist jedoch meiner Meinung nach keins, sondern verweist auf den Umstand, wie der Schatz der Mönchsritter gefunden werden kann. Ich weiß, dass ich mich sehr geheimnisvoll ausdrücke, aber die Aufklärung gebe ich noch an einer späteren Stelle im Buch.

Die andere Frage, ob die Templerflotte, die 1307 von La Rochelle lossegelte und nie mehr gesehen wurde, auch den Schatz des Ordens geladen hatte, bleibt ungelöst. Allerdings kann man spekulieren, was sie damit in Mittelamerika hätten anfangen sollen. Wichtiger als Gold und Silber, das es dort ohnehin in Hülle und Fülle gab, waren sicherlich Waffen, Stoffe und technische Geräte. Warum also den Bauch der Schiffe mit eher *Nutzlosem* füllen? Nein, der Schatz liegt nach wie vor in Europa und kann nur dort gefunden werden.

Das sind erst einmal – bis auf Rennes-le-Château – die gängigen Orte in Europa bzw. Mittelamerika, an denen nach dem Schatz der Tempelritter gesucht worden ist. Nur der Vollständigkeit halber soll erwähnt werden, dass es auch einen Ort bzw. eine Stadt in Deutschland gibt, wo der Schatz von einigen Wenigen vermutet wird: Berlin, genauer Berlin-Tempelhof. Eine aus dem Jahre 1236 stammende *Templeroffenbarung*, deren Echtheit nie einwandfrei bestätigt wurde, berichtet vom Kommen eines lichten Reiches im *Lande der Mitternacht*, also Deutschland – was ein wenig nach Nazi-Propaganda riecht – zu dessen Wegbereitern die Geneigten der Tempelritter auserwählt seien. Diese Offenbarung geschah angeblich, als zwei nach Schriften des Gnostikers Marcion suchende Ritter auf dem Gebiet des alten Karthago mit einer weiblichen Erscheinung konfrontiert wurden, die eben jene Botschaft überbrachte. Aufgrund dieser Vision soll von den Templern Berlin-Tempelhof gegründet worden sein, nämlich als die Nordhauptstadt des *Neuen Babylon*. Dass dann auch hier der Schatz der Templer verblieben sein soll, scheint für einige Schatzsucher klar der Fall zu sein.

Von meiner persönichen Suche nach dem Schatz der Mönchsritter werde ich im letzten Kapitel berichten.

Kapitel 2

DIE SPUR
DER HEILIGEN SCHÄDEL

Der Kult der abgeschnittenen Köpfe

Wie ich eingangs schon bemerkte, hat mich im Jahr 1999 Keith Laidlers Buch *Das Haupt Gottes* zum intensiven Nachdenken über eine Sache gebracht, die ich bisher eher am Rande betrachtet hatte. Es geht um die Fülle von Köpfen und rätselhaften Gesichtern, die einem an zahllosen Templergebäuden, an Kirchen, Kapellen und Kathedralen im westlichen Europa begegnen. Das kann kein Zufall sein, und die Art und Weise, wie sorgfältig diese Köpfe bildhauerisch gearbeitet worden sind, macht deutlich, dass die Templer damit eine bestimmte kultische Idee verbunden haben. Während Keith Laidler sich vorrangig in seinem Buch mit Kopf-Darstellungen im Orient, an und in englischen Templerkirchen befasst und eine historische Kontinuität dieses Kultes von Ägypten, über die Druiden bis hin zu den Templern nachzuweisen versucht, fielen mir für den französisch-spanischen Bereich zahllose markante Beispiele ein, die ich im Laufe meiner Reisen zu bekannten und kaum bekannten Templerkirchen und Templerkapellen allesamt dokumentiert hatte. Zum ersten Mal ordnete ich meine *Funde* und kam zu einem erstaunlichen Ergebnis, das meines Erachtens die Frage nach der Natur des Heiligen Grals und des sagenhaften Baphomets ein für alle Mal beantwortet. Dabei erinnerte ich mich an jenen seltsamen Ausspruch, den der Forscher Yvon Roy unter den Graffiti von Chinon entdeckt hatte und der übersetzt lautet: *Baphomet ist das Prinzip der Schöpfungskräfte.* Und dieses Prinzip, so fand ich heraus, haben die Mönchsritter symbolisch dargestellt. Was jedoch so harmlos klingen mag, hat bedeutende Auswirkungen. Am Ende meiner Ausführungen wird der ketzerische Glaube der Templer mit einem Schlag sichtbar. Gral und Baphomet sind eins. Der ketzerische Glaube der Templer, wobei ich hier nicht je-den einzelnen Mönchsritter meine, war eine Kosmogonie, die auf geniale Weise spirituelles und naturwissenschaftliches Denken miteinander verband. Erfahrbar gemacht wurde dieses kosmogonische Denken, damit es nicht abstrakt blieb, durch einen ungewöhnlichen Kult; nämlich den der abgeschlagenen Köpfe.

Unter den Heiligen der römisch-katholischen Kirche gibt es eine Vielzahl, die den grausamen Märtyertod durch Enthauptung starben. Und viele verhielten sich der Legende nach dabei wie der Heilige Metrias, der in Aix-en-Provence verehrt wird. Sie nahmen nach ihrer Enthauptung den Kopf vom Boden auf und liefen damit zur nächsten Kirche. Seinen eigenen Kopf in Händen, wird der Heilige inmitten von staunenden Menschen auf Gemälden dargestellt. In Florenz hat sich seinerzeit der Heilige San Miniato nicht viel anders benommen.

Zwei Kilometer nördlich von Noyal-Pontivy im bretonischen Morbihan steht das Heiligtum der Nolwen. Die Keltin segelte im 6. Jahrhundert unserer Zeitrechnung von Irland zur Bretagne, um eine Einsiedelei zu gründen. Unglücklicherweise fiel sie in die Hände eines amorikanischen Häuptlings, der Nolwen auf der Stelle enthaupten ließ, als sie ihm nicht zu Willen war. Darauf hat die junge Keltin der Legende nach ihren Kopf unter den Arm genommen und soll so zwei Tage lang weitergegangen sein. Als Nolwen erschöpft an einem Felsen ausruhte, verlor sie drei Tropfen Blut. Sogleich öffnete sich die Erde und ließ drei Quellen hervorsprudeln, die jedes Jahr am 6. Juli Anlass für Wallfahrten sind.

Das Deckengewölbe des Heiligtums der Noyal/Nolwen ist mit merkwürdigen Bildern und Figuren geschmückt, die Nolwens Geschichte erzählen. Der Betrachter erfährt, dass die Heilige zusammen mit ihrer Amme Nizan ins Land gekommen ist. Zwei ungewöhnliche Wasserspeier ziehen die Blicke auf sich: monströse Wesen, von denen das eine einen Menschen, das andere ein Tier verschlingt. Für die rätselhafte Darstellung gibt es bislang keine plausible Erklärung.

Mich erinnert das Wesen an den Tarasque von Noves, ein Ungeheuer, das man im Museum Calvet in Avignon bewundern kann. Die Kelten nannten es auch Ingcél, die personifizierte Vernichtungskraft, einer jener keltischen Totengötter, die das Leben als solches bedrohten – vergleichbar einem Schwarzen Loch im Weltall.

Der Heilige Kopf oder Schädel steht diesem Totengott als ewig Leben spendende und zugleich zyklische Kraft gegenüber.

Um 300 nach Christus wurde Januarius, Bischof von Benevento, in Italien unter Kaiser Diokletian enthauptet. Körper und Kopf des Heiligen wurden in verschiedenen Kirchen und Klöstern verehrt. Sogar als die sterblichen Überreste des Heiligen 1497 in Neapel eine letzte Ruhestätte fanden, verwahrte man die Leiche in zwei Teilen in derselben Kirche auf. Der Körper des Januarius ruht in der Krypta unter der Kathedrale; sein Kopf in einer Büste hinter dem Hauptaltar der Seitenkapelle. An drei Tagen eines jeden Jahres – am 19. September, 16. Dezember und am ersten Samstag im Mai – erfolgt seit Jahrhunderten immer dieselbe Prozedur, die Gläubige wie Ungläubige in ihren Bann zieht. Zwei Phiolen, in denen das geronnene Blut des Heiligen verwahrt wird, werden dicht an seinen Schädel gestellt, und jedes Mal verflüssigt sich das Blut neu. Dieser Vorgang ist der augenscheinliche Beweis dafür, dass Januarius nicht tot, sondern im Jenseits lebendig ist. Das ewige Leben wird durch dieses Wunder bestätigt wie die Kontinuität des Gleichen. Es ist Verlass darauf, dass sich zu einem bestimmten Zeitpunkt das Erwartete wiederholt.

Exkurs: Heiliges Wasser aus dem Nichts –
Die Kraft des Zyklischen

In dem kleinen Pyrenäendorf Arles-sur-Tech steht seit vielen Jahrhunderten ein Sarkophag aus weißem Marmor, in dem einst die Körper zweier christlicher Märtyrer – Abdon und Sennen – aus dem ersten nachchristlichen Jahrhundert gelegen haben. Die Heiligen sind schon lange andernorts begraben worden; der Sarkophag ist leer.

Jedes Jahr Ende Oktober versammeln sich einige hundert Menschen in Arles-sur-Tech vor dem Sarkophag, der im Schatten der Kirche an einer Mauer steht. Es zieht sie wie magisch zum *Heiligen Grab*, wie der geheimnisvolle Sarkophag genannt wird. Und jedes Jahr geschieht das Wunder von neuem: Selbst in Zeiten großer Hitze sickern aus dem Innern des »Heiligen Grabes«

Der geheimnisvolle Sarkophag von Arles-sur-Tech

mehr als 300 Liter reinen Wassers, das die Menschen der Region seit Jahrhunderten als Heilung von Krankheiten aller Art verwenden. Dieses *Wunder* ist wissenschaftlich untersucht worden und blieb bislang ohne Erklärung. Ein Betrug oder das Vorhandensein von Regenwasser sind ausgeschlossen worden. Das ganze Jahr über kann der Sarkophag in seinem Innern staubtrocken sein. Doch spätestens am 24. Oktober eines jeden Jahres gibt er sein Wasser an die Gläubigen ab. Die Templer liebten diesen Ort in den Pyrenäen und brachten oberhalb des Sarkophags ein besonderes Relief an: Es zeigt einen bärtigen Mann, dessen Arme über der Brust gekreuzt sind und der deswegen ein wenig an einen verstorbenen Pharao erinnert.

Das eigentliche Wunder an dieser Sache ist für mich die zyklische Wiederkehr des Wassers an einem bestimmten Tag im Jahr. So geschieht es auch mit dem Flüssigwerden des Blutes des Heiligen Januarius, und ebenso geschah es mit dem Blut der Heiligen Euphemia, das jedes Jahr neu aus ihrem Sarkophag in Chalkedon (heute ein Stadtteil von Istanbul) an ihrem Todestag, dem 11. Juli, floss.

Solche Wunder zeigen die Macht des mütterlichen Schoßes, der zyklisch hervorbringt und auch vernichtet, wenn es an der Zeit ist. Eine Glaube, dem die Templer zu Recht huldigten.

Die Liste der körperlosen, nur als Schädel vorhandenen wundertätigen Heiligen scheint endlos: Ursula, Maria Magdalena, Albertus Magnus, Winifred, Maxim, Lucian, Basilius der Große usw. Kein Zweifel, dass es in der katholischen Kirche eine nicht unerhebliche Reliquienverehrung Heiliger

Schädel gibt. Insofern machen sich die Templer, wenn man bei ihnen einen Schädel mit der Aufschrift Caput LVIII M findet, wie im Prozess gegen sie vermerkt, zunächst einmal überhaupt nicht verdächtigt. Das Reliquiar trägt also die Aufschrift Nr. 58 M und könnte somit einen weiblichen Schädel – M gelesen als das astrologische Zeichen für Jungfrau – in der Folge Nummer 58 bezeichnen. Es gab demnach auch noch die Nummer 57 oder auch 59, 60 usw. Das alles bedeutet zunächst einmal nur, dass die Mönchsritter einen regen Handel mit Schädelreliquien führten; was man ihnen jedoch nicht vorwerfen kann. Wenn da nicht diese verteufelte Sache mit dem geheimnisvollen Baphomet wäre, was anscheinend über die normale christliche Reliquienverehrung hinausgeht. Aber wie weit sie darüber hinausgeht und was so komplett anders und christentumfeindlich an ihr ist, dass die Kirche sie für ketzerisch und für ein Werk des Teufels hält, ist etwas, das im Prozess nur mit widersprüchlichen Angaben zu Tage tritt.

Für manche Templer ist der Schädel *weiß mit einem Bart*, für andere von *roter Farbe*. Wieder andere Brüder bringen ihn mit einer Katze in Verbindung, die sprechen konnte, und eine weitere Gruppe bezeichnet ihn als *altes Leder*.

Die Aussage eines Templers, die uns vielleicht weiterhelfen könnte, ist die eines Bruders, der auf Zypern im Jahre 1310 verhört wurde. Er gibt klipp und klar zu Protokoll, dass die Templer den Kopf der Heiligen Euphemia verehrt hätten. Diese Frau lebte um 300 nach Christus in Chalkedon und wurde enthauptet, weil sie sich als mutige Christin erwies. In ihrer Grabeskirche tagte 451 das vierte ökumenische Konzil, was uns zeigt, wie berühmt die Heilige einstmals gewesen sein muss. Die Übersetzung ihres Namens weckt die Fantasie, denn er lautet: »Sie spricht verhüllende Worte im guten Sinn«. Aus ihrem Sarkophag floss an bestimmten Tagen im Jahr Blut, das Kranke heilte, was, wie erwähnt, an das Blutwunder des Heiligen Januarius erinnert. Ich bezweifele nicht die Aussage des Templers im Prozess auf Zypern. Ich bezweifele aber, dass dieser Kopf das einzige Idol der Templer gewesen ist. Seine Aussage gibt jedoch die Richtung vor, in der wir nach der Wahrheit suchen sollten: Kopf einer Heiligen bzw. eines Heiligen, ein Blutwunder, aus Festem wird Flüssiges, aus Totem wird Lebendiges, Diesseits und Jenseits reichen sich die Hände und bilden einen einzigen Kosmos. Was das Blutwunder angeht, so sehen wir am Beispiel Arles-sur-Tech, dass Vergleichbares auch mit heilendem Wasser vonstatten gehen kann. Grenzen zwischen Ewigem und Endlichem werden aufgehoben – das ist das Geheimnis des Baphomet und der Kult der abgeschlagenen Köpfe.

Der Schädel Adams und anderer Weiser

Angefangen hat alles mit Adam. Sein Schädel ruht am Fuße des Kreuzes, am Fuße desjenigen, der auf Golgatha, der Schädelstätte, aufersteht. Wann immer der Gekreuzigte auf Gemälden, Radierungen, Zeichnungen zum Thema geworden ist, wird genau diese Situation dargestellt. Sie ist ein wichtiger Bestandteil christlicher Ikonografie. Das Wort Adam soll von *Adamah*, der *Mensch*, stammen, was wenig besagt, weil es zu allgemein klingt. Andere übersetzen *Adamah* mit *rote Erde*, vergleichbar jenem Rot, mit dem die Ägypter ihre Statuen färbten. Im Sanskrit bedeutet *adhama* die *Schwangerschaft*, die *Fruchtbarkeit*, und zugleich steht *Adam* im alchemistischen Denken für die Vereinigung der Metalle. Die Vorstellung, dass der Totenschädel fruchtbar ist, also neues Leben aus Verendetem entsteht, wollen wir als Übersetzung von Adam und als Symbol des Schädels festhalten.

Wichtiger ist jedoch das Folgende: Ich habe mich bei der Arbeit an diesem Buch gefragt, ob die frühen Juden auch einen Schädelkult kannten, wie beispielsweise die Kelten. Adams Leichnam soll in Hebron in der Höhle Machpela, die auch die *Schatzhöhle* genannt wird, begraben sein. Fromme Juden pilgerten dorthin, um Adams Geist zu befragen. Die *Schatzhöhle* war also ein Orakelzentrum.

Im *1. Buch Samuel*, vor allem aber im *Buch der Richter*, das nebenbei die Templer als erste ins Französische übersetzen ließen, werden rätselhafte *Teraphim* erwähnt, Hausgötter anscheinend, die vielen jüdischen Familien sehr wichtig gewesen sind. Diese Teraphim stiehlt Rachel ihrem Vater Laban. Was aber sind Teraphim? Wie haben wir sie uns vorzustellen? Der Levit Elias, ein jüdischer Kommentator des 15. Jahrhunderts, gibt darauf eine sowohl eindeutige als auch überraschende Antwort: Teraphim sind mumifizierte Orakelköpfe, darunter befand sich auch der Kopf Adams. Abgeschlagene Köpfe galten also bei den Hebräern als Quell für Weissagungen – göttliche und andersweltliche Eigenschaften, wie die Fähigkeit, in die Zukunft zu sehen und Ereignisse vorauszusagen, schrieben auch die Kelten dem abgeschlagenen Haupt zu. Eine merkwürdige Koinzidenz. Aber sie zeigt, dass die Templer mit ihrem Baphomet-Kopf-Kult alte okkulte Traditionen fortsetzten.

Und so stellen wir überrascht fest, dass der vom Körper getrennte Kopf Bestandteil aller großen westlichen Mythologien ist:

1. *Orpheus*. Nach seiner Rückkehr aus der Unterwelt, wohin ihn der Schmerz um den Tod seiner Fau Eurydike getrieben hatte, wird der Sänger mit der Harfe von Frauen getötet und enthauptet. Eine Legende besagt, dass sein Kopf in einen Fluss geworfen wurde, eine weitere Legende will ihn in einer Höhle begraben wissen. Ihr Name ist

Leibhethra – ein Begriff, der die Vorstellung einer Quelle suggeriert, die Tropfen für Tropfen aus der Erde emporsteigt. Für mich assoziiert es das Bild der Gralsschale, in die ebenfalls langsam das Blut tropft. Orpheus' Kopf wurde später der Legende nach von Fischern wieder gefunden. Er sang. Fischer erinnern an den Fischerkönig der Gralssage.

2. *Mimir*. Der germanische Gott Wotan befragte den Wasserriesen Mimir, den sprechenden Kopf, der immer die Wahrheit sagte. Sein Name hängt mit dem lateinischen *reminiscere – sich erinnern* – zusammen. Mimir hütet die Quelle der Weisheit, des göttlichen Allwissens. Zugleich ist Mimir auch der kunstfertige Schmied. Die goldbesessenen Asen haben ihn enthauptet, aber sein Kopf lebt weiter. Bei den Templern hieß Mimir der Heilige Mayme. Sie benannten zwei ihrer Kommanderien nach ihm.

3. *Olus*. Ein Riesenkopf, den man ebenfalls der Legende nach bei der Gründung Roms in der Erde vergraben entdeckte und nach dem das Capitol von Rom, das Caput-Oli benannt worden ist.

4. *Medusa*. Ihr schreckliches Haupt versteinerte jeden, der es betrachtete. Perseus hatte die Gorgonin getötet. Bemerkenswerterweise nennt man die Gorgone auch *Lunge*, was an das Rebhuhn, das den Gralstempel anzeigt, erinnert, das ebenfalls *Lunge eines Widders* genannt wird.

5. *Johannes der Täufer*. Er war der Vorläufer Jesu und taufte den zukünftigen Messias im Jordan. Zum Vergnügen – oder war es doch eine kultische Handlung – wurde er auf Wunsch von Salome am Hofe des Königs Herodes enthauptet. Sein Schädel wird der Frau auf einer Schale liegend gezeigt. Über das Schicksal Salomes stieß ich in den Pyrenäen auf eine schöne Legende. Herodes wurde mit seiner Familie nach Südfrankreich verbannt. Er ließ sich im heutigen Saint-Bertrand-de-Comminges nieder,

wo auch sein Grabmal in Form eines Turmes steht. Eines Tages im Winter überquerte Salome einen gefrorenen Fluss. Das Eis brach, Salome versank im Wasser und wurde auf der Stelle bis zum Hals darin eingefroren. Sie starb, und nur noch ihr Haupt war auf der gefrorenen weißen Fläche zu sehen. Auch sie wird also enthauptet, aber das Bild weckt zugleich die Vorstellung, dass im Frühjahr das Tote und Erstarrte schmilzt und damit Neuem, Weichem, Fließendem Platz macht.

6. *Bran.* Bei den Kelten ist Bran der Gesegnete, der den Heiligen Kessel (Gral?) besitzt, der Tote zum Leben erweckt. Bran ist ein Riese an Größe und Kraft. Er bezeichnet sich selbst als das Haupt, das eine Brücke bildet, über die die Lebenden von einem Ufer zum anderen schreiten können. Im Kampf wird Bran von einem vergifteten Speer am Fuß tödlich verletzt (Fischerkönigmotiv der Gralssage?) und bittet seine Freunde, ihn zu enthaupten und seinen Schädel im *weißen Hügel von London* zu beerdigen. Als solches sagt er allen die Zukunft voraus und versorgt seine Freunde mit dem Notwendigsten, also auch Nahrung. Später gräbt König Artus Brans Haupt aus und provoziert dadurch die Sachseneinfälle, weil das Haupt Britannien, solange es in der Erde ruhte, gegen seine Feinde geschützt hatte.

Die Übersetzung seines Namens bedeutet *Rabe,* was an das Bild vom *Kopf des Raben* in der Alchemie denken lässt. In der Alchemie war der *Rabe* die *Fäulung.* Die Fäulung jedoch ist, wie es in einem alchemistischen Traktat von 1624 heißt *ein wunderbarer Schmied, der die Elemente ineinander überführt,* und zwar so lange, bis Himmel und Erde zu einem glasigen Klumpen werden. Ohne Verwesung und Fäulung kein neues Leben. Insofern steht Brans Haupt, das *Rabenhaupt,* für die Vorstellung vom Tod als Zustand zwischen Leben und Leben.

7. *Baphomet*. Kopf eines Mannes mit langem Bart. Angeblich küssten die Templer-Großmeister und Ältesten des Ordens diesen Kopf und beteten ihn an. Für die niedrigen Ränge gab es bildliche Wiedergaben des Baphometos wie das langhaarige, bärtige Gesicht in der Kirche von Templecombe, Gloucestershire. Es bleibt die Frage, ob es ein Orginal gegeben hat und zahllose Kopien desselben. Die einzig wahre Übersetzung des Namens bedeutet: *Vater der Weisheit.*

8. *Albertus Magnus*. Der Universalgelehrte lebte zur Zeit des Templerordens im 13. Jahrhundert. Er war Bischof und Dominikaner, und ihm werden merkwürdige Dinge nachgesagt. Nicht nur, dass er Tote beschworen und den Stein der Weisen besessen haben soll; nein, Albertus Magnus soll auch einen sprechenden Kopf besessen haben, den er angeblich selbst konstruiert hat. Dieser Kopf habe Fragen beantworten können, die man an ihn richtete. Eine seltsame Geschichte, die ich deshalb erwähne, weil sie inhaltlich zu den von mir oben beschriebenen Köpfen passt. Im Übrigen wird auch Papst Sylvester II. nachgesagt, einen sprechenden Kopf aus Metall besessen zu haben.

9. *Isis*. Himmelskönigin ist ihr Titel, den auch die Jungfrau Maria trägt. Angeblich sollen alle Statuen der Schwarzen Muttergottes Isis darstellen. Die Übersetzung ihres Namens mit *Thron* ist zweifelhaft. In einer Legende, die uns der Historiker Plutarch überliefert, wird erzählt, dass ihr Sohn Horus die Ermordung und Zerstückelung seines Vaters Osiris durch Seth rächen wollte. Aber Isis versuchte sich für ihren Bruder Seth zu verwenden und Horus davon abzuhalten, seinen Onkel umzubringen. Darauf schlug Horus seiner Mutter im Zorn den Kopf ab, der später durch den einer Kuh – daher die Bezeichnung Isis als *Kuhköpfige* – ersetzt wurde. Thoth,

der Gott der Weisheit, vollbringt dieses Wunder. Die Kuh, der Stier waren auch den Menschen im alten Irland heilig, und die Scoti Nordenglands sollen sowohl den Apis-Stier als auch die Göttin Isis verehrt haben. Gehen wir noch einen Schritt weiter. Wir dürfen wohl zu Recht vermuten, dass die israelischen Benjaminiten bei ihrem *Tanz um das Goldene Kalb* am Fuße des Sinai die Göttin Isis anbeteten. Zum Stamm der Benjaminiten gehörte auch Maria Magdalena, die man als eine weitere Inkarnation der Göttin Isis verstehen kann. Apropos Isis und Templer! Den Namen Isis entdeckte ich im Zusammenhang mit einer merkwürdigen Inschrift auf einer Säule in der Kirche Saint-Gervais-Saint-Protais in Gisors. Dort steht geschrieben: *IE FUS ICI ACIS L'AN ISZ.* ISZ ist *IsiS* und *ACIS* ist vermutlich jener *AKIS* oder *ACIS*, von dem die griechische Mythologie erzählt. Dabei handelt es sich um eine dramatische Liebes- und Verwandlungsgeschichte zwischen Galatea und dem Hirten Akis.

Galatea war die Tochter des Nereus und der Doris. Ihr Name bedeutet *weiß wie Milch*. Sie lebte im Meer vor den Küsten Siziliens, wo der einst von Odysseus geblendete Zyklop Polyphem seine Ziegen und Schafe weidete. Er entbrannte in Liebe zu ihr und stellte ihr nach, doch zog Galatea einen jungen Hirten namens Akis vor, einen Sohn des Pan und der Nymphe Symaithis. Die Annäherungsversuche des Polyphemos verachtete sie, abgeschreckt von seinem garstigen Aussehen. Polyphemos war ungeheuer eifersüchtig auf Akis, doch machte sich das junge Paar über seine grotesken Serenaden nur lustig. Eines Tages überraschte er die beiden schlafend im Ufergras, weckte sie auf und verfolgte Akis; er hob einen schweren Felsbrocken auf, zerschmetterte ihn damit und zerstückelte ihn anschließend, ähnlich wie Osiris von

Seth in vierzehn Stücke zerteilt wurde. Die untröstliche Galatea ließ unter dem Felsen eine Quelle entspringen und machte Akis zum Gott des Stromes.

Galateas Vater ist Nereus, jener Gott, der stets die Wahrheit sagt. Alfred Weysen behauptet, dass er in den siebziger Jahren des letzten Jahrhunderts im Gorge du Verdon ein Heiligtum der Templer entdeckt habe. Es sei ein »Tempel der Sonne und des Mondes«, und dieser sei dem Gott Nereus geweiht gewesen.

Wie auch immer: Zerstückelung und Enthauptung ist ein in der europäischen Mythologie vorherrschender Kult, dem die Templer gleichfalls huldigten. Und somit kommen wir zum zehnten Beispiel in meiner Auflistung, nämlich Abif Hiram.

10. *Abif Hiram.* Am Anfang der freimaurerischen Symbol-welt steht die Legende vom ermordeten *Hiram Abif,* jenem Mann aus Tyrus und Sohn einer Witwe aus dem Stamme Naphtali, den König Salomon deshalb zu sich holen ließ, weil er *ein Meister im Erz, voll Weisheit, Verstand und Kunst* war und *zu arbeiten allerlei Erzwerk* verstand. So fertigte Hiram für den König Israels ein riesiges Bronzebecken für den Tempelhof, zwei große eherne Säulen – Jachin und Boas – und allerlei Töpfe und Ge-fäße.

Hiram, der Meister des Metallhandwerks, ist für die Frei-maurer eine Gestalt von ungeheurer Bedeutung. Ihrer Tradition nach wurde Hiram von drei seiner Assistenten begleitet, die ihn kurz nach Vollendung seiner Arbeiten am Tempel ermordeten. Sie versuchten ihre böse Tat zu vertuschen, indem sie seinen Leichnam vergruben. Al-lerdings konnten sie wegen der schlechten Bodenverhält-nisse das Grab nicht passend genug ausheben. Also grif-fen die Mörder zu Messern, schnitten Hiram Abif die

Beine ab und legten sie ihm auf den Leib. Weil der Tote immer noch zu groß für sein Grab war, schnitten sie ihm auch noch kurzerhand den Kopf ab und legten ihn auf die gekreuzten Oberschenkel. Somit bleibt zum Schluss, sobald das Fleisch verwest ist, der Totenschädel mit den gekreuzten Oberschenkelknochen übrig – ein altbekanntes Motiv der Freimaurer, aber auch der Templer, denn so sah ihre Kriegsflagge aus. Und wer sich bestimmte Grabsteine verstorbener Templer anschaut, wird feststellen, dass diese häufig viel zu klein sind, um den Toten in natürlicher Größe darunter aufnehmen zu können. Einige Templer, meines Erachtens nicht alle, wurden so bestattet, wie es die Mörder Hiram Abifs (dem Sohn der Witwe – gleichen Beinamen trug auch Jesus) mit seinem Leichnam machten.

Es gibt, wie wir sehen, im Abendland einen Kult um das Zerstückeln von Toten, zum anderen um deren Schädel. Schädel werden in Kirchen oder Klöster zur Schau gestellt wie der von Maria Magdalena in Saint-Maximin-Saint-Baume in der Provence, die Schädel von Petrus und Paulus einstmals in Rom, der Schädel von Lazarus, den Jesus von den Toten erweckte, in Ansbach und der des ermordeten Merowingerkönigs Dagobert II. im Kloster der Schwarzen Nonnen im belgischen Mons.

Verstorbene Templer wurden rituell geköpft. Es gibt ein unübersehbares Übermaß an Köpfen, wenn man sich Templerkirchen in Frankreich, Italien, Spanien, England und Portugal anschaut. Dass es dabei nicht vordergründig um Schmuck geht, leuchtet jedem ein. Köpfe, Gesichter an und in Kirchen, gemalt oder als Steinmetzarbeit, verweisen auf einen tieferen Sinn. Diese Köpfe schauen uns direkt an, und auf eine perfide Art und Weise scheint es, als grinsten sie uns an, weil sie genau wissen, dass sie jede Menge Fragen auf-

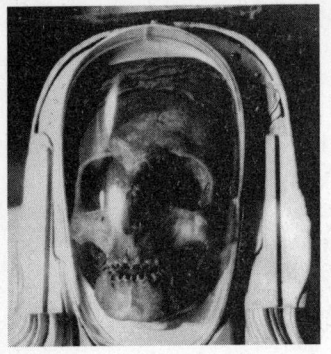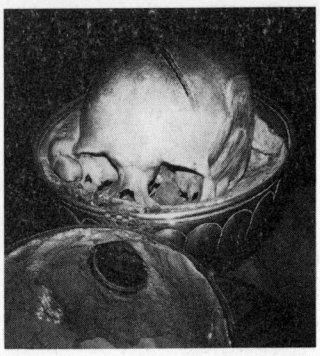

Die Schädel von Maria Magdalena (links) und König Dagobert II. (rechts),
den der Autor untersuchen durfte.

werfen. Warum wohl gibt es uns, Mensch des 21. Jahrhunderts? Löse unser Geheimnis, und du bist den Ursprüngen des wahren Christentums näher als je zuvor!

Dass man verstorbene Templer mitunter rituell köpfte, ihnen die unteren Gliedmaßen abschnitt, sie überkreuz auf den Rumpf legte und darauf den Schädel, haben wir bereits gehört. Templer schienen geradezu verrückt nach Schädeln und Köpfen zu sein. Im französischen Trouan le Grand in der Champagne steht eine Templerkirche, erbaut im 12. Jahrhundert. Nicht nur, dass zahllose unterirdische Tunnel und Wege zu dieser Kirche führen – die meisten von ihnen enden heute als Sackgasse –, diese Kirche wird auch seit Jahrhunderten die *Kirche der hundert Gesichter* genannt. Überdurchschnittlich viele Köpfe, mehr als man sie sonst an Templerkirchen entdecken kann, wurden hier von den mittelalterlichen Steinmetzen angebracht – innen wie außen. Köpfe sind eine furchtbare Macht. Frühe Völker empfanden den Kopf als etwas Mysteriöses, als Sitz der unsterblichen Seele, aber auch als Hort der göttlichen Eingebungen. Der

Schädel umschloss Übersinnliches und bezog daraus die Lebenskräfte für den ganzen Menschen. Insofern bewahrte der Kopf auch nach dem Tod des Menschen dessen Lebensessenz, seine Fähigkeiten und Stärke. Keltische Krieger setzten sich deshalb zur Unterstützung ihrer eigenen Kraft den Kopf des erschlagenen Gegners auf den eigenen. War es dieser Glaube, der die Templer zum Schädelkult trieb?

Exkurs: Das Schweißtuch Jesu

Wenn man vom Haupt oder Antlitz Christi spricht, dann fällt einem sofort das so genannte *Schweißtuch der Veronika*, die *vera icona*, das wirkliche Abbild Jesu ein, von dem die Bibel erzählt. Es ist im Gegensatz zum Turiner Grabtuch vor der Kreuzigung entstanden. Die frühen Christen haben immer wieder von diesem Bildnis erzählt, das angeblich dem König Abgar gehört haben soll. Dem Kopf des Erlösers wird damit von Anfang an und noch vor seinem Tod eine magische Besonderheit zugesprochen. Wenig bekannt ist, dass es dieses magische Schweißtuch wirklich gibt und genau wie beim Turiner Grabtuch die Wissenschaft sich außerstande sieht, seine Existenz zu erklären.

Es handelt sich um ein farbiges Bild auf einem hauchzarten Schleier, das so genannte Volto Santo von Manoppello bei Pescara im südlichen Italien. Dieses Schleierbild hat vollkommen rätselhafte Eigenschaften, denn es wirkt weder gemalt noch gewoben, was auch die bisherigen makroskopischen Untersuchungen bestätigten. Weder auf den Gewebefäden noch zwischen ihnen wurde die geringste Spur eines Farbstoffes gefunden, auch nicht bei extremer Vergrösserung oder bei Tests mit UV-

Strahlen und weiteren Forschungen. Es existieren ganz einfach keine materiell ermittelbaren Farbstoffe, die das Bild erklären könnten. Der feine Schleierstoff ist wie wolkig eingetönt, und doch ergibt sich das ganz präzise Bild eines männlichen Antlitzes, genauer: nur das Haupt ohne Halsansatz.

Wurde das Bild gewebt? Nein! Es ist nicht unvorstellbar, wie dieses Bild entstanden ist: völlig stufenlos verlaufende Farbwerte, lediglich auf den Kett- und nicht auf den Schussfäden, ohne ermittelbare Farbmaterialien. Die Forscher wissen nicht einmal, wie ein so hauchzarter Schleierstoff überhaupt hergestellt worden sein konnte.

Und noch erstaunlicher: Das Antlitz auf diesem Schleier lässt sich mit dem des Turiner Grabtuches so zur Übereinstimmung bringen, dass Detail für Detail auf beiden Tüchern miteinander korrespondiert. Beide Gesichter stimmen in ihren Dimensionen genau überein – bis auf die Blutungen.

Entstehung des Bildes

Einige Historiker gehen davon aus, dass das Volto Santo von Manoppello identisch ist mit dem Wunderbild von Kamulia in Kappadokien/Kleinasien, von dem alte Schriften berichten. Es ist auf wunderbare Weise entstanden, und bei den zwei Überlieferungen, die wir über seine Entstehung aus dem 4. und 5. nachchristlichen Jahrhundert haben, war jedes Mal Wasser im Spiel. Wasser und das Heilige sind ja fast wie Geschwister, wenn man an verschiedene *Wunder* und *Erscheinungen*, aber auch gerade an Heilige Häupter denkt.

Das Schleiertuch von Kamulia wurde schnell in Kleinasien und andernorts berühmt und von Pilgern verehrt. 574 brachte man es in einer feierlicher Prozession nach Konstantinopel. Das *Heilige Antlitz* wurde zum Schutzbild des Reiches, wurde auf Feldzügen mitgeschleppt, sollte helfen, die Truppen anzufeuern. Ähnliches ist uns von Templern im Kampf berichtet worden, die ein blutiges Baphomet-Haupt mit sich führten, um von ihm *Stärkung* zu erfahren. Im Laufe des 8. Jahrhunderts verliert sich dann die Spur des Volto-Santo-Bildes. Bis es dann im Jahre 1506 plötzlich in Manoppello auf geheimnisvolle Art und Weise – ein Unbekannter übergab es als Päckchen einem Arzt – wieder auftauchte. Seitdem wird es dort im Kapuzinerkloster ausgestellt.

Für mich ist dieses *Antlitz* ein weiterer, wichtiger Hinweis auf den Kult um das Heilige Haupt, auf den wirklichen Schädel Gottes.

Ist Baphomet der Heilige Gral?

Ich habe mich bereits in meinem letzten Buch sehr ausführlich mit Baphomet befasst. Dieser geheimnisvolle Kopf spielt im Templerprozess eine wichtige Rolle. Seltsamerweise haben die Inquisitoren niemals intensiv versucht herauszufinden, was es mit Baphomet auf sich hat. Liest man die Protokolle der einzelnen Verhöre aufmerksam, dann stellt man zwar fest, dass nach dem geheimnisvollen Baphomet gefragt wurde, es aber den Inquisitoren offensichtlich genügte, einzig und allein die widersprüchlichen Angaben darüber festzuhalten. Keiner von ihnen machte sich die Mühe, den kultischen Hintergrund des nicht-christlichen Objekts der

Verehrung aufzuklären. Dass man ihn nicht für eine Heilige Reliquie hielt, ist anzunehmen, denn sie hätte im Sinne der Kirche nichts Unrechtes dargestellt. Es war also auch den damaligen Befragern klar gewesen, dass der Kult um den rätselhaften Kopf im kirchlichen Sinne etwas Verbotenes darstellte. Aber inwiefern, das bleibt vollkommen unklar. Und warum *bohrt* niemand so recht nach? Warum legt man die ganze Häresie nicht ein für alle Mal offen? Weil schnelle Geständnisse genügten oder man in höchsten kirchlichen Kreisen fürchten musste, dass weitaus Schlimmeres zutage treten könnte? Etwas, das auch an den Glaubens-Pfeilern der Kirche rütteln würde?

Und so blieben diesbezüglich die Anklagepunkte sehr allgemein, wie es der Artikel 46 zeigt: »Wir werfen euch vor, dass es in allen euren Provinzen Idole gibt, das heißt Köpfe, von denen einige drei Gesichter haben, andere nur eines, und dass sich auch noch an manchen Stellen eurer Kirchen Menschenschädel finden lassen.« Und ergänzend fügt der 47. Artikel hinzu: »Diese Idole betet ihr als euren Gott an, als euren Retter, denn ihr sagt, dass dieser Kopf euch retten wird, weil er euch Reichtum schenkt, Bäume und Blumen erblühen lässt.«

Eine solche Aussage trifft auch auf den Heiligen Gral zu, der, wenn man die einschlägige Literatur über ihn liest, mehr an ein ewiges ›Tischlein-deck-dich‹, ein kosmisches Füllhorn erinnert als an ein heiliges Mysterium, »denn jedwede Speise, die man sich auch wünscht, erschien sogleich darauf«, heißt es in einem alten englischen Textbuch. In der Manessier-Fortsetzug von Chrétiens Roman zieht der Gral vorüber und bewegt sich ohne menschliches Zutun: »Dann waren alle Tische mit köstlichen Gaumenfreuden auf das reichlichste bedeckt, sodass keiner eine Speise nennen konnte, die er dort nicht fand«.[4]

---

4   Zitat nach: Malcolm Godwin, *Der Heilige Gral*, München 1994.

Wer die verschiedenen Gralslegenden und Geschichten aufmerksam liest, stellt fest, dass die wesentlichen Aspekte des Heiligen Grals zum einen eine immer während Fülle ist, bildlich dargestellt durch die Vielzahl von Speisen, zum anderen Heilung von allen Leiden und ewiges Wohlergehen. Die materielle Form des Grals ist die eines Kelches oder einer Schale, das sich für alle, die sich seiner als würdig erweisen, als ein lebensspendendes und lebenserhaltendes Gefäß erweist.

Wenn man nun dieses Verständnis vom Wesen des Heiligen Grals auf die verschiedenen Darstellungen des Baphomet an und in Templerkirchen überträgt, ergeben sich schnell überraschende Parallelen. Zunächst einmal kristallisieren sich drei verschiedene Baphomet-Darstellungen heraus:

1. Köpfe/Gesichter allgemein
2. Köpfe mit drei oder zwei Gesichtern
3. Tellurisch-vegetative Köpfe (Grüner Mann)

1. Köpfe/Gesichter allgemein

Die berühmteste Darstellung des Baphomet ist diejenige an der Kirche Saint-Merri in Paris. Dort sieht man am Portal eine kleine Teufelsfratze, ein Kopf, der recht ungewöhnlich ausschaut. Zudem ist er an einer Stelle im Gesamtgefüge des Portals angebracht, die eigentlich dem Gesicht Gottes reserviert sein sollte. Gerade das macht den Baphomet von Saint-Merri so bemerkenswert. Er symbolisiert die dunkle Seite des Allmächtigen; vielleicht auch die andere Seite der Schöpfung. Insofern würde er das Vorurteil gegen die Templer bestärken, sie hätten den Teufel angebetet. Diese Vermutung könnte ein anderer Fund bestätigen, den man auf der Ile de Sein in der Bretagne gemacht hat. Die Ile de Sein, ganz im Osten der Halbinsel gelegen, ist jener Ort gewesen, zu dem sich einst verstorbene Druiden von der *Bucht der*

Toten haben herüberrudern lassen. Sie wurden auf der Ile de Sein beerdigt, aber ihre Seelen liefen über den Atlantik weiter nach Tir-na-og oder Avalon, der paradiesischen *Apfelinsel*. Auf der Toteninsel der Druiden wurde nun vor Jahren eine Holzstatue entdeckt, schwarz, mit einem merkwürdigen Kopf, einem spitzen Bart, Hörnern und einer Frauenbrust. Zwischen den Brüsten befand sich unübersehbar ein Templerkreuz ins Holz geschnitzt. Dieser Baphomet erinnerte also auffällig an jenen, den Eliphas Levi einst gezeichnet hatte und dessen Ähnlichkeit mit dem christlichen Teufel unübersehbar ist. Gott und Teufel, Mann und Frau in einem Leib als vereinigte Gegensätze.

Darstellungen in dieser Form, die an den christlichen Teufel erinnern, sind dennoch eher selten anzutreffen. Köpfe in jeder Form dagegen vielfach. Mitunter auch einfach nur ein Gesicht, das einen an der Außenwand einer Kirche, eines Templerhauses unvermittelt und intensiv anstarrt.

2. *Köpfe mit drei oder zwei Gesichtern*

Solche Darstellungen sind zweifellos häufiger anzutreffen als Teufelsfratzen, obwohl manche sie auch als solche bezeichnen. Dreigesichtige Götter kennt auch der Hinduismus. Trimurti steht für die drei Grundkräfte des Weltalls, die sich gegenseitig bedingen: Kein Dasein ist ohne Schöpfung des neuen und Zerstörung des Abgelebten denkbar. Das Erhalten, das notwendige Gleichgewicht steht dazwischen und sorgt dafür, dass keine der beiden anderen Kräfte jemals die Oberhand bekommt. Dreigesichtige Köpfe an christlichen Kirchen werden gerne als gelungene Beispiele für die christliche Dreifaltigkeit gedeutet: Vater, Sohn, Heiliger Geist in einer Person. Es ist jedoch anzunehmen, dass die Templer derartige Interpretationen an ihren Bauwerken nicht kommentierten, um keinen Argwohn zu erwecken. Wer sich aber die *Dreigesichter* aufmerksam anschaut, wird das Ketze-

Der Baphomet von Tomar

rische daran sofort feststellen. Die drei schönsten Beispiele findet man in der Kirche Sainte-Croix d'Oloron am Fuße der Pyrenäen, an der kleinen Templerkirche von Caracena in Spanien und als Schlussstein im *Saal der Initiation* in der Krypta der Templerkirche von Tomar in Portugal. Um mit Letzterem zu beginnen, so hat diesen magischen Raum, den Touristen leider nicht betreten dürfen, Umberto Eco in seinem Roman *Das Foucaultsche Pendel* (1989) wunderbar beschrieben.

»Ich zuckte zusammen, als uns der Führer in einen Nebenraum führte, einen niedrigen Saal mit Gewölbedecke und mehreren Schlusssteinen. Es waren kleine Rosetten, doch auf einem sah ich in Stein gehauen ein bärtiges, bocksähnliches Gesicht. Der Baphomet!«

Das bocksähnliche, dreigesichtige Baphomet-Anlitz soll allerdings im 16. Jahrhundert entstanden sein, also lange nach dem Untergang des Ordens. Allerdings wissen wir ja, dass Templergeist und Templertradition durch den Christusorden in Tomar wieder auferstanden. Die *neuen, alten* Templer haben auch ihre Geheimlehre nicht verleugnet, wovon das faszinierende *Dreigesicht* Zeugnis ablegt. Eine Art Turban schmückt den Kopf und weist gerade dadurch auf das Nichtchristliche in dieser Darstellung hin. Denkt man sich die beiden anderen Gesichter rechts und links weg, so betrachtet man einen bärtigen Kopf: Baphomet oder das Haupt Gottes. Und noch etwas fällt mir auf. Man mag mir vorwerfen, dass ich zu viel in das Bildnis hineindeute, aber warum um Gottes willen hat der unbekannte Künstler dieses Bildnisses den Kopf in eine Art von Schale oder Kelch gesetzt? Genau dieser Eindruck entsteht durch die in den Stein gemeißelte senkrechte und halbrunde Rille unterhalb des Bartes. Sie ähnelt unzweideutig einem stilisierten Kelch oder einer Schale. So wurde der Kopf Johannes des Täufers dargestellt, und so wird bis auf den heutigen Tag der Schädel des letzten und ermordeten Merowingerkönigs Dagobert II. im belgischen Mons verwahrt, wovon ich mich sehr genau überzeugen durfte. Mir wurde im März 2001 erlaubt, den Kopf des Merowingerkönigs zu untersuchen und ihn zu diesem Zweck aus dem goldenen Kelch herauszunehmen. Der Kopf auf der Schale oder im Kelch hat eine verborgene Symbolik, über die es ebenfalls noch zu sprechen gilt.

Der Baphomet-Kopf von Caracena ist als Steinmetzarbeit ein wenig rustikal ausgefallen. Er *stützt* das Dach der Kirche und wirkt durch seinen breiten, mit Zähnen besetzten Mund, seinen archaisch anmutenden Gesichtsausdruck recht klobig. Mich erinnert er an einige Darstellungen des keltischen Dagda, der ebenfalls als dreigesichtiger Gott verehrt wurde. Dagda ist Herr über Leben und Tod, erneuert und erhält fortwährend den Kosmos – wie der Heilige Gral. Auch Dagda ernährt jeden, der ihm zugetan ist. Dafür benutzt der Gott seinen Kessel. Bis heute hat man zweiunddreißig dreigesichtige keltische Götterbilder gefunden, wobei das Gesicht auf der Vase von Bouvay – zu sehen in der Bibliothèque Nationale in Paris – ein ausgesprochen schönes Beispiel ist. Zweifellos haben die Templer die keltischen Vorstellungen gekannt und mit in ihren Glauben übernommen. Aber sie haben ursprüngliche Vorstellungen verändert und erweitert.

Denn auch der dreigesichtige Baphomet in der Kirche Sainte-Croix d'Oloron ist so gearbeitet, dass er dem Augenschein nach in einer Art Kelch oder Schale ruht. Ein weiteres schönes *Dreigesicht-Exemplar* kennen wir aus der Kathedrale von Salisbury in England.

Anmerken will ich noch, dass es auch zweigesichtige Köpfe an Templerkirchen gibt, auch Januskopf genannt. Sie symbolisieren das den Mönchsrittern so wichtige Konzept von einer kosmischen Balance der Gegensätze.

3. Tellurisch-vegetative Köpfe bzw. Gesichter
(Grüner Mann)

Für mich persönlich sind diese ungewöhnlichen Darstellungen die bedeutendsten in dieser Thematik um das wahre Wesen des Baphomet, denn sie sind Zeugen eines sehr tief gehenden esoterischen Denkens und Fühlens. Nur wenige, wie die Engländer Mike Harding oder Kathleen Basford, haben sich bisher mit ihnen intensiv auseinander gesetzt. Man kennt sie von Kirchen in England oder Frankreich, weiß aber nicht so genau, was man mit ihnen anfangen soll. In England nennt man diese Köpfe/Gesichter »Green Man« (Grüner Mann) und deutet sie als als Bildnis für Werden und Vergehen in der Natur. Das sind sie sicherlich vom Ur-

Grüner Mann

sprung her, aber es lassen sich auch zahlreiche Beispiele
dafür finden, dass diese vegetativen Köpfe, denen Blätter
und Grün aus dem Mund und Schädel wachsen, auf Christus, den Auferstandenen verweisen: auf das Prinzip der Auf-

erstehung und auf seinen wundertätigen Schädel, den wahren Baphomet.

Ich kenne in Frankreich und England fünf sehr schöne Beispiele dieser ungewöhnlichen Köpfe.

A. Der *Flammen-Kopf* von Salers.
Salers ist eine jener hübschen mittelalterlichen Städte im Herzen der Auvergne, knapp 20 Kilometer nördlich von Aurillac gelegen, die noch heute vom ehemaligen Glanz der Tempelritter leben. Jeder Fußtritt in den engen Gassen von Salers mit jahrhundertealten Häusern atmet den Geist der einstigen Herren mit dem roten Tatzenkreuz. Ein besonders

Kopf von Salers

markantes, dreistöckiges Gebäude aus klobigen Steinen errichtet, in dem bis vor wenigen Jahren noch die Dorfschule untergebracht war, ist heute zum örtlichen Templermuseum avanciert. In der Tat lebten hier vor achthundert Jahren Ordensbrüder der Kommanderie von Carlat, und sie haben einige ungewöhnliche, für manche gar beunruhigende Details ihres ketzerischen Glaubens im Haus hinterlassen. Wer das *Maison des Templiers* betritt, sieht sich mit einem irritierenden Kopf konfrontiert, der ähnlich wie im *Saal der Initiation* in Tomar den Schlussstein des Deckengewölbes bildet. Für Templerforscher handelt es sich um den Kopf Johannes des Täufers, der in einer sehr eindringlichen Weise dargestellt ist. Haare und Bart erscheinen wie Flammen, und seine leicht schräg gestellten Augen geben dem Gesicht einen ehrfurchterbietenden, wenn nicht gar dämonischen Ausdruck. Der ganze Kopf liegt genau wie der dreigesichtige von Tomar in einem runden, flachen *Teller* und weckt somit die Vorstellung eines Gefäßes, des Grals.

B. *Der Grüne Mann* von Norwich

Ein wenig ähnlich sehen sie sich schon, der *Flammenkopf* von Salers und sein geistiges Pendant in der Kathedrale von Norwich, England. Hier bildet der Kopf einen Schlussstein, der das Gewölbe darüber am Einstürzen hindert. In England heißt das *florale Gesicht* seit Jahrhunderten *Der grüne Mann* und verweist somit auf das Reich der sich ewig erneuernden Natur. Für unsere Suche nach dem Wesen des Baphomet und des Heiligen Grals ist nun bemerkenswert, dass in dem aus dem 14. Jahrhundert stammenden Versepos *Gawain und der Grüne Ritter* ein gleichartiges Wesen wie das in der Kathedrale von Norwich den Ritter der Tafelrunde zu einem tödlichen Enthauptungsspiel herausfordert. Auch hier steht erneut ein wie auch immer gearteter Kult um Enthauptung im Vordergrund.

Kopf von Norwich

C. *Der Grals-Kopf* von Saint-Bertrand de Comminges
Im Prinzip habe ich diesen Kopf, der für mich eindeutig das
wahre Abbild des Heiligen Grals zeigt, zweimal in der Kirche
und im Klostergarten von Saint-Bertrand de Comminges
entdeckt. Die Stadt am Fuße der Pyrenäen ist uralt. Sie liegt
in der Mitte eines ehemaligen Handelsweges, der einst das
Mittelmeer mit dem Atlantik verband. Die Römer haben
schnell die strategische Bedeutung der Stadt auf dem Hügel erkannt und sie zu einem wichtigen Handelszentrum
ausgebaut. Herodes und seine Familie sollen hierhin verbannt worden sein. Sein angebliches Grab kann heute noch
als merkwürdig gestalteter Turm etwas außerhalb der Stadt
besichtigt werden.

Grals-Kopf von Saint-Bertrand de Comminges

Die Kirche des Heiligen Bertrand, der 1130 starb, ist wirklich sehenswert. An einer Säule findet man den geheimnisvollen *Grals-Kopf*, der aus einem Kelch aufsteigt. Es ist kein Weihwasserbecken und stützt auch nicht den Kopf, aus dem

Blätter wachsen. Somit ist die Schale eigentlich überflüssig. Weil sie aber dennoch dort angebracht worden ist, kann das nur bedeuten, dass die Vorstellung des *blühenden Kopfes* Symbol für die unvergängliche Natur, für das Leben allgemein, immer zusammen mit einer Schale gedacht worden ist. Wie bedeutend diese Schale ist, zeigt ihre Abbildung zusammen mit der Gralsträgerin Repanse de Schoye in der Kirche von Taüll in den spanischen Pyrenäen. Die Gralsschale in der Hand der jungen Frau leuchtet geheimnisvoll, und seine Strahlen scheinen auf den Betrachter überzugehen.

Ein weiterer, fast ähnlicher Kopf befindet sich an einer Säule im Klostergarten von Saint-Bertrand. Im Gegensatz zu seinem Pendant in der Kirche trägt dieser nicht den typischen Spitzbart, und die Blätter schmiegen sich diesmal wie Haare an den Hinterkopf, sind also erst auf den zweiten Blick als Blätter erkennbar

D. Der *Suggestions-Kopf* von Avallon

Westlich von Avallon in der Yonne (Frankreich) wurde 1192 die Kommanderie von Saulce-d'Island gegründet. Zu ihr gehört eine der schönsten Templerkapellen des Landes. An einer Säule hat der mittelalterliche Künstler einen irritierend-schönen Baphomet hinterlassen, dessen Kopf fast aus Blattwerk zu bestehen scheint. Seine tief liegenden Augen scheinen den Betrachter wie magisch in sich aufzusaugen. Bei ihrem Anblick geht mir das Zitat aus der Chronik von Saint-Denis in Paris bezüglich eines Fundes durch den Sinn, den man im Temple von Paris, dem Hauptsitz des Ordens, gemacht hat. »Wir fanden ein altes Stück Haut, das einbalsamiert schien wie ein leuchtender Stoff, einem Schädel ähnlich, in dessen Augenhöhlen es wie von Karfunkelsteinen leuchtete, so strahlend wie das Licht des Paradieses«.

Kopf von Avallon

Wie die anderen von mir beschrieben Köpfe ist auch der
Kopf von Saulce d'Island geschlechtslos oder beides – männlich und weiblich, also ein Hermaphrodit. Von allen Köpfen,
die ich gesehen habe, geht die gleiche suggestive Kraft aus,

wobei dieser in der Nähe von Avallon auch ein wenig Furcht einjagt, weil sein Blick einen zu verfolgen scheint. Auch er repräsentiert die Kraft und unendliche Energie des Heiligen Grals. In der Antike war die Heilige Göttin Tellus die Hervorbringerin der Naturdinge. Sie wurde mit einem Füllhorn dargestellt. *Tellurisch-vegetative Köpfe* wäre somit der richtige Ausdruck für das, was die Templer an ihren Kirchen, Kapellen oder in ihren Häusern anbringen ließen.

Aber waren sie deshalb allesamt nur Pantheisten, also Menschen, für die die Natur vergöttlicht ist (Gott und Natur sind eins.), oder steckt weitaus mehr dahinter?

E. Christuskopf und *Grüner Mann*

Christus-Kopf

Wie eng das Prinzip *Grüner Mann* im Mittelalter in Zusammenhang mit Jesus Christus gedacht worden ist, zeigt uns der bemerkenswerte Kopf in der Kirche von Sampford Courtenay im englischen Devon. Das hölzerne reliefartige Gesicht bildet den Abschluss des Deckengewölbes und zeigt uns einen in Anlehnung an das Antlitz des Turiner Grabtuchs auferweckten Christus, aus dessen geöffnetem Mund Wurzeln und Blätter herauswachsen und den Kopf umrahmen. Ein gelungener Baphomet, der Jesus Christus bewusst vordergründig in die Reihe der antiken Auferstehungsgötter wie Dionysus, Osiris, Odin und Tamuz eingliedert. Solche Abbilder stellten für die Inquisition keinen Grund dar, die Templer schwerer Vergehen anzuklagen. Es muss also noch eine tiefer greifende Verehrung dieser besonderen Köpfe gegeben haben. Zuvor jedoch will ich herausfinden, ob es noch andere Baphomet-Gral-Orte und weitere sichtbare Beziehungen zwischen Baphomet, Gral und Jesus Christus gibt.

Gral, Geheimwissen und Sternenreise

Wer Baphomets in Frankreich sucht, wird immer wieder fündig. Nördlich von Nizza steht auf einem Hügel (Privatgelände!) ein seltsames Gebäude. Die Einheimischen nennen es seit Jahrhunderten *Die Pyramide von Falicon*, die nicht nur von den Templern errichtet worden sein soll, sondern von der aus auch ein unterirdischer Gang zu einem ehemaligen Templerhaus führt. Die Pyramide ist nicht sehr hoch, etwa 15 Meter, dafür aber geht es in ihrem Innern recht tief hinunter. An einer Stelle der Wand hat jemand einen Baphometkopf gezeichnet, der ein wenig dem von Saint-Merri in Paris ähnelt. Also ein bärtiges, gehörntes Gesicht. Sein Alter: 13. Jahrhundert.

Die Hörner könnte man auch als Pflanzen, Blätter auslegen, so genau lässt sich das nicht erkennen. In den belgischen Ardennen in der Kirche von Roth gibt es ein Baphomet-Idol und gleich zehn abgeschlagene bärtige Köpfe aus Stein außen an der Kapelle von Jouers in den Pyrenäen.

Eine faszinierende Galerie von Köpfen ziert den Eingang zur Initationskirche der Templer in Mauntsaunés in der Haute-Garonne (Frankreich). 52 vom Steinmetz meisterhaft gearbeitete Köpfe Enthaupteter blicken auf den Besucher herab, und wer jemals Zweifel daran hegte, dass es bei den Templern einen Kopfkult gegeben hat, wird angesichts dieser ausdrucksstarken Gesichter eines Besseren belehrt. Zwei Dinge fallen auf, für die es nicht sofort eine Erklärung gibt: Warum weicht der grimassenziehende Ausdruck in den Gesichtern mehr und mehr einem ernsten und in sich gekehrten, je näher die Reihe der Köpfe rechts wie links dem großen Chrismon kommt, das oberhalb von ihnen die Mitte über dem Bogen des Eingangs bildet? Und die zweite Frage lautet: Warum tragen einige Köpfe Kronen? Sind es Könige, oder repräsentiert das gekrönte Haupt in Wahrheit nur eine einzige Person, nämlich den Deus Rex, Jesus Christus? Gleicher unter Gleichen, nämlich den anderen Köpfen, die allesamt die von Tempelrittern sein könnten?

Solche Fragen bewegen denjenigen, der Mauntsaunés zum ersten Mal besucht. Verbindungen zwischen Jesus und dem Heiligen Gral werden hier sichtbar. In alten Apokryphen liest man die Geschichte von Jesus, der von zwei blinden Frauen gewaschen wurde. Ein Relief an der Außenwand der Kirche zeigt diese Überlieferung. Das Besondere daran ist die Tatsache, dass Jesus in einer Art Wanne hockt oder Schüssel, oder Kelch, Schale, Kessel – wie immer man das Gefäß deutet. In jedem Fall ist es ein Gegenstand der Reinigung, Wandlung und Auferstehung wie der keltische Kes-

Die Gottesmutter zeigt ihrem Sohn einen Schädel

sel des Dagda. Die Nähe zum Heiligen Gral ist unmittelbar
spürbar.

Und noch eine weitere Steinmetzarbeit jagt einem wahr-
lich Schauer über den Rücken. Es ist die Darstellung der
Maria als Himmelgöttin Sophia. Sie thront auf ihrem göttlichen Sitz und blickt den Betrachter herausfordernd an. Auf
ihrem rechten Bein hockt das göttliche Kind. So stellte man
auch im Alten Ägypten Isis mit dem Horusknaben dar. Aber
was genau hält Maria-Sophia-Isis in ihrer Hand und zeigt es
demonstrativ dem Kind? Ich habe mir dieses Objekt sehr,

sehr lange angeschaut und dabei auch auf alte Fotos zurückgreifen müssen, weil der Stein im Laufe der Zeit sein ursprüngliches Aussehen verloren hat. Es ist ein Kopf, so weit kann man es auch heute noch erkennen. Nähere Untersuchungen zeigen jedoch, dass es sich um einen Totenschädel handelt. Die Himmelskönigin zeigt dem Kind auf ihrem Schoß einen Totenschädel. Warum wohl? Um es daran zu erinnern, dass alles endlich ist und sterben muss?

Wohl kaum, auch wenn das ikonografische Motiv des Totenschädels auf christlichen Bildern immer wieder gern auf diese eine Weise gedeutet wird. Das Kind erblickt in der Hand seiner Mutter einen Schädel. Und dieser befindet sich in räumlicher Nähe zur Darstellung Jesu, der in einem Kessel sitzt. Erneut stoße ich auf die Kombination Gral – Schädel. Für mich kann die Darstellung an der Templerkirche von Mauntsaunès nur eines bedeuten: Die Mönchsritter und Schwertbrüder verehren das göttliche Kind, den Gral und den Schädel gleichermaßen. Denn sie sind eins!

In Mauntsaunès wird aber noch ein anderer, wichtiger Aspekt deutlich; nämlich der Weg zu den Sternen und wieder zurück. Dieser meiner Meinung nach äußerst interessante Aspekt darf in der ketzerischen Lehre der Templer nicht vernachlässigt werden. Viele Namen und Begriffe sind Codes für stellare Positionen. Für Alfred Weysen, der den Schatz des Ordens im Gorge du Verdon sucht, besteht die geheime Lehre der Templer fast ausschließlich aus astronomischem Wissen. Die Angelegenheit ist aber auch nicht leicht zu lösen. Einer, der im 6. Jahrhundert nach Christus vom Heiligen Gral erzählte, ist Flegetanis gewesen, für den der Gral ein *Sternending* ist.

Flegetanis gilt als gebildeter Jude, kundig in jüdisch-chaldäischer Sternenweisheit, der sich zum Christentum bekehrte. Laut anderen Quellen soll er 1 200 Jahre vor Christus gelebt haben. So jedenfalls finden wir ihn in Wolfram von Eschenbachs *Parzival* wieder. »Mit dem Umlauf der Sterne ist alles menschliche Geschick verbunden.«

Flegetanis, so schreibt Wolfram weiter war fähig »die Deszendenz von jedem Stern und seine Rückkehr, Aszendenz und wie lang der jeweilige Rücklauf ist, bis er den Ausgangspunkt erreicht«, zu berechnen. Die Ersten, die das konnten, dürften die Babylonier gewesen sein, denn das ganze Gilgamesch-Epos, das älteste Buch der Menschheit, *atmet* astronomisch-astrologische Weisheit.

Wer aber war dieser Flegetanis wirklich? Alles spricht dafür, dass er keine historische Gestalt gewesen ist, sondern vielmehr die Übersetzung eines alten arabischen Buches. *Felek-Thani* – heißt übersetzt die *Zweite Himmels-Sphäre*.

Somit steht Flegetanis für astronomisches und astrologisches Wissen. Verwirrung schafft das alles nur bei uns, weil es auch in Verbindung zum Gral gesetzt wird. Von einem ewigen Stammbaum ist die Rede und von Gralshütern und von der Vorhersagbarkeit zukünftiger Ereignisse.

Für wie bedeutend die Templer gerade die prophetische Sternenweisheit erachteten, zeigt nicht nur ihre Kirche in Montsaunès, sondern zum Beispiel auch die Kirche San Miniato in Florenz aus dem Jahre 1207. In ihrem Mamorfußboden im Innern des schönen Gotteshauses ist ein Zodiakus eingelassen, der zeigt, dass die ganze Kirche auf die seltene Konjunktion von Merkur, Venus und Saturn im Zeichen Stier Ende Mai 1207 ausgerichtet worden ist. Und im Kloster Sankt Emmeram in Regensburg sieht man im Mittelpunkt eines Zodiakus von 360 Grad den Kopf eines Greises. Der Kopf des Menschen, sein Bewusstsein, bildet das Zentrum des Sternenkreises.

Diese beiden Beispiele veranschaulichen die wichtige Rolle der Astrologie im Mittelalter. In Montsaunès wird der

Innenraum (Wände und Decke) der Kirche zur Projektions-fläche für okkultes und astrologisches Wissen. Sonnenräder und Sterne zieren die gewölbte Decke der Kirche und lenken den Blick auf das große, in roter Farbe dargestellte *Senkblei*, besser salomonische Pendel, von dem Eingeweihte behaupten, dass es sich hierbei um den Baphomet-Gral, dargestellt mit den Mitteln der Geometrie, handelt. Es ist ein Symbol für die kosmische Balance in den Farben rot und weiß, Leben und Tod. Das gleichschenklige Kreuz erhebt sich aus der Gralsschale, flankiert von zwei Lanzen. Der Gral ist ohne die blutende Lanze nicht vorstellbar. Diese Lanze des römischen Hauptmanns Longinus ist der *Speer des Schicksals*, über den Trevor Ravenscroft ein äußerst interessantes Buch geschrieben hat. Wenn wir uns das *salomonische Pendel* von Montsaunès einmal ganz genau anschauen, dann müssen wir zugeben, dass die vier Insignien des Heiligen Grals, wie wir sie bildlich auch von den Tarotkarten her kennen, in ihm, abstrakt, aber durchaus erkennbar, vorhanden sind: Lanze bzw. Speer, Teller, Gralskelch und das Schwert.

Und seine Bedeutung: Leben geht in Totes über und Totes in Leben. Zugleich werden durch die Sterne, die das ganze Symbol umgeben wie ein Meer, in dem es *schwimmt*, die Gegensätze von unten und oben, von Himmel und Erde aufgehoben. Wer an die Kraft des Baphomet-Grals glaubt, so ruft uns das Symbol zu, ist für immer im Ewigen aufgehoben.

Astronomische Zeichen wie das Sternbild des Sirius *(Der große Hund)*, das Sternbild des Schützen, die sieben Schüler des Heiligen Jakobus verbunden mit sieben Planeten bestimmen das besondere Bild dieser Kirche. Montsaunès lag als wichtige Etappe auf dem Pilgerpfad nach Compostela. Ein von einem Kreis umgebenes Kreuz gibt exakt die vier Himmelsrichtungen an, lange vor Erfindung des Kompasses. Eine bemerkenswerte Parallele besteht zwischen dem Geheimnis von Montsaunès und der Kirche *Johannes der Täufer* in Tomar (Portugal). Auch hier stößt man auf das Sternbild des Großen Hundes, dessen Hauptgestirn Sirius ist. Weiter sieht man einen Löwen, der für das gleichnamige Sternbild steht, denn auch Regulus, jener Doppelstern, der den Kopf des Löwen dominiert, ist zu sehen. Im Sternbild selbst wirkt Regulus (Kleiner König) wie der Punkt des umgekehrten Fragezeichens. Fragen wirft das astronomische Interesse der Templer ohnehin auf, vor allem, weil Regulus im Sternbild Löwe bereits bei den alten Juden auf den Messias verweist. Denn über Juda weissagt Jakob im AT.: »Juda ist ein junger Löwe«. Offensichtlich kann dem Stamm Juda am gestirnten Himmel nur das Sternbild des Löwen entsprechen. Und Jakob prophezeit weiter, dass der Messias aus dem Stamm Juda kommen und – am Ende der Tage – die Herrschaft der Nationen beenden wird, um dann selbst über die Völker der Erde zu herrschen; denn Schilo, der *Held* oder *der, dem es (das Zepter) rechtmäßig gehört*, ist kein anderer als Jesus, der *König der Könige*, von dem die Propheten später geweissagt haben, er werde von Jerusalem aus sein messianisches Reich über die ganze Erde errichten.

Aber Jakob weist mit dem Herrscherstab zwischen den Füßen Judas auch unmissverständlich auf den hellen Ekliptikstern *Regulus*, den *Königsstern*, im Sternbild des Löwen hin, der gemäß babylonischer Tradition an der Brust des schreitenden Löwen stand, nach jüdischer Vorstellung aber zwischen den Füßen des liegenden Löwen lokalisiert wurde. Wie wir wissen, erhielt dieser Stern etwa 2340 v.Chr den Namen LUGAL, *Königsstern*.

Dies alles ist für denjenigen, der es versteht, aus dem *steinernen Buch* – nämlich die Kirche von Tomar herauszulesen.

Diese Templer-Kirche trägt den Namen des Täufers. Johannes der Täufer wiederum wird von einigen arabischen Autoren zum ägyptischen Gott Seth in Beziehung gesetzt, den sie als *die gute Schlange* bezeichnen. Seth ist also Typhon, der Schlangengott, und trägt in dieser Gestalt den Beinamen *Akephalos* (Ohne Kopf). Seth ist zweifellos böse, und auch der geheime Beiname des Täufers deutet Ähnliches an, ohne dass wir solches moralisch werten sollten. Johannes der Täufer ist für manche Gnostiker nämlich *Luzifer* oder der *Morgenstern*, weil er die Nacht der Unwissenheit beendet und den Beginn des himmlischen Lichtes anzeigt. (Maria Magdalena hatte bei manchen Gnostikern auch den Beinamen Luzifer, weil sie eine *Wissende* war.) Die geistige Verbindung zwischen Seth, Johannes dem Täufer und Jesus wird vor allem bei der Taufe im Jordan mit dem Erscheinen der himmlischen Taube deutlich.

Weniger bekannt ist nämlich, dass das Bild der göttlichen Taube überhaupt nicht aus der religiösen Vorstellungswelt der Juden entlehnt wurde, sondern aus der Ägyptens. Diese *Taube* ist als *Ka* oder königlicher Doppelgänger aufzufassen, der auf Lichtstrahlen von seinem Vater Iahu herabstieg, wie er auch auf die Pharaonen bei ihrer Krönung von ihrem Vater, dem Sonnengott *Ra*, in Gestalt eines Falken herabstieg. (*Ia Hu, auch I A U geht auf das 16. vorchristliche Jahrhundert zurück. Während die Vokale I A U in den kretischen Mysterien für die drei Stationen des Jahres Geburt, Vollendung und Tod stehen, scheinen sie doch nach Auffassung von Robert von Ranke-Graves von Ia Hu abgeleitet, wobei Ia erhaben und Hu Taube bedeutet. Iahu ist der Titel Jahwes und macht diesen dadurch zum Herrscher des Sonnenjahres).*

Andererseits gibt es im Judentum die Vorstellung der Göttin Ruha, eine schwarze Göttin, die als Taube erscheint und die ich unglaublicherweise gekrönt mit einer Dornenkrone, zu-

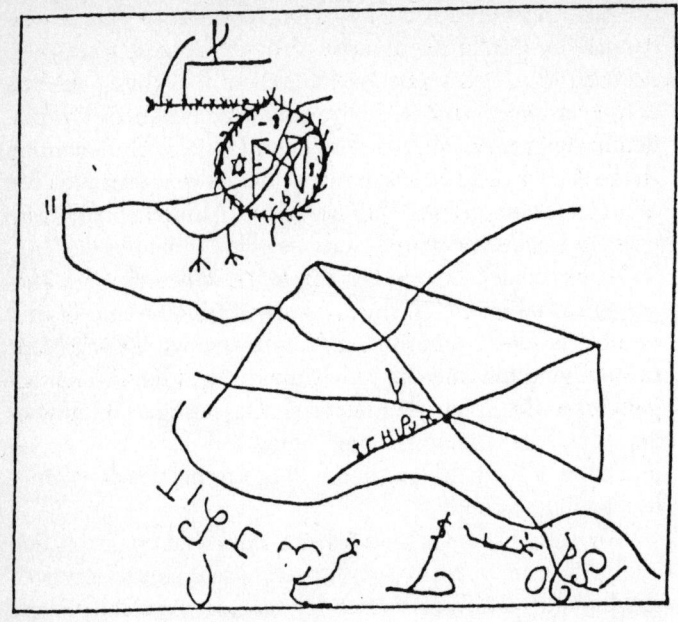

Die schwarze Taube von Sigonce

sammen mit dem Fischsymbol und einigen seltsamen Graffiti auf einem Pfeiler in der alten Templerkapelle von Sigonce in der Provence wieder fand. Die schwarze Taube ist das Symbol der Weisheit, das weibliche Prinzip, also Isis, sprich Maria Magdalena.

Seth wiederum war die Heilige Schlange, die von den gnostischen Gruppen der Ophiten oder Naaszener angebetet wurde. Jao ist daher der andere Name für Seth, und dieser wird bei den Naaszenern als Wesen mit Schlangenkörper und Eselskopf dargestellt. Es sind also okkulte Verbindungen, die den ägyptischen Seth mit Johannes dem Täufer und diesen mit Jesus in einen Sinn-Zusammenhang setzen.

Im Zentrum des ganzen *Sternbilderreliefs* an der Johannes-der-Täufer-Kirche in Tomar steht die Gralsschale, und der 34-Grad-Winkel der ganzen Konstellation verweist auf den 20. Januar, das Fest des Heiligen Sebastians, ein zum Christentum bekehrter römischer Soldat, der durch Enthauptung starb. Natürlich ist Sebastian ein Heiliger gewesen, den die Templer bei ihrer Heiligenverehrung bevorzugten. Erneut also ein Kopf ohne Körper.

Ist also das *Herz des Grals* nichts anderes als das Wissen um die Abhängigkeit des menschlichen Schicksals vom Laufe der Gestirne? Mitunter scheint es so, als wäre das die endgültige Antwort, wenn man ausschließlich einige ganz bestimmte Templerkirchen in Europa danach auswertet.

Der blutende Kopf

Betrachtet man alle Versionen der Gralslegenden, die uns überliefert sind, so kommt darin dem Blut eine geheimnisvolle Bedeutung zu. Immer steht es in Verbindung mit merkwürdigen Enthauptungsritualen, die alle Geschichten vom Gral umgeben. In der walisischen Fassung des *Peredur* schwimmt sogar der Kopf eines Blutsverwandten des Ritters in einer Schale mit Blut. Die heilige Lanze tropft fortwährend Blut ebenso wie von den Köpfen der Enthaupteten. Der Gral selbst enthält das Blut Christi; dieses wiederum wurde seinerzeit von Joseph von Arimathäa in eben diesem Gralsgefäß aufgefangen, als er unter dem Kreuz stand. Josef von Arimathäa, der reiche Kaufmann und Freund Jesu, wird in allen vier Evangelien erwähnt. Die Frage ist, warum es diese seltsame Geschichte von der Aufnahme des Blutes Jesu in ein Gefäß überhaupt gibt. Denn auch den damaligen Menschen ist eines ganz sicher klar gewesen, dass Tote nicht bluten. Wenn Jesus gestorben ist, was die Evangelien uns ja berichten, dann gab es in seinem Körper keinen Blutkreislauf mehr. Folglich konnte auch kein Tropfen seines Blutes in ein Gefäß fließen. Trotzdem gibt es diese Geschichte, die auch der Kirche immer ein wenig suspekt gewesen ist, die sie aber mit der laxen Erklärung – Seht mal da, ein weiteres Wunder! – abgetan hat.

Was aber bedeutet der Mythos vom Blut, das aus einem toten Körper in ein Gefäß floss, das Gral heißt und seinem Wirken nach ein ewiges Füllhorn ist?

1982 verrieten die drei Autoren Baigent, Leigh und Lincoln ihre Vermutungen über das Thema Heiliges Blut und Heiliger Gral. Für sie ist es bedeutend, dass der Gral nicht das Blut von irgendjemandem enthält, sondern ausschließlich das des Erlösers, nämlich Jesus Christus. Das aber, so erklären sie, kann durchaus wörtlich genommen werden. Heiliges Blut oder Sang Greal, Sang Real, was im französischen Anklänge an das königliche Blut weckt, ist das Blut Jesu. Das *Gefäß*, das dieses Geschlecht, nämlich das Göttlich-Königliche – Codename *Deus Rex* – in sich trug, war der Leib Maria Magdalenas. Sie trug Jesu Kinder in ihrem Leib und schenkte ihnen das Leben.

Die Legenden um den Heiligen Gral erzählen nichts anderes als die Geschichte des Hauses Jesu in etwa zur Zeit der Merowinger. Sie kulminieren in der sehnsuchtsvollen Suche nach dem wahren König dieser Welt – dem verwundeten Fischerkönig –, der die drohende Verwüstung der Welt aufhält und sie auf ewig paradiesisch fruchtbar macht. Hierzu ist der Gral das einzige Mittel, wenn er dem Gerechten in die Hände fällt.

Die Geschichte davor, die *Blutsgeschichte* des *Hauses Jesu*, geht laut esoterischer Quellen folgendermaßen: Nach seinem (scheinbaren) Tod am Kreuz, von dem einige behaupten, dass er ihn überlebte, musste sich seine Familie, das heißt seine Frau Maria Magdalena und seine Kinder, in Sicherheit bringen. Jesus war der rechtmäßige König der Juden, wie es auch an seinem Kreuz zu lesen stand. Jakobus, Jesus Sohn, wurde zu König Abgar von Edessa gebracht, mit dem Jesus befreundet war und sogar laut apokrypher Evangelien einen regen Briefwechsel gehabt hatte. Maria Magdalena floh mit ihrer Tochter zunächst nach Ägypten, später dann ins heutige Languedoc, das damals eine recht große jüdische Kolonie im römischen Weltreich besaß. Später, zur Zeit Karls des Großen, gab es hier sogar für einige Jahrzehnte ein jüdisches Königreich – Septimanien – unter dem König Wilhelm von Gellone. Die Sinti und Roma der Provence erzählen noch heute, dass drei Frauen und ein Mann in einer Barke übers Meer zu ihnen gekommen sind. Dieses Fest wird nach wie vor jedes Jahr vom 23. bis 25. Mai gefeiert. Unter den Frauen befand sich neben Maria Magdalena auch Sarah, die Ägypterin. Sie ist neben der Magdalena die interessanteste Person in diesem Frauen-Trio. Mich hat immer interessiert, wer diese Sarah gewesen sein könnte. Eine ägyptische Freundin der Magdalena? Sara Kali, die schwarze Königin, wird von allen Sinti und Roma verehrt. Der Name Sara Kali verweist somit auf den indischen Bereich, wo Kali eine große und mächtige Göttin ist. Verehrt wird Sara Kali in einer Krypta, und auch sie ist wiederum eng mit dem Kult der rituellen Enthauptung verbunden. Kali, die indische Göttin, besitzt einige grausame Aspekte. Sie reißt Shiva den Bauch auf und frisst seine Eingeweide; Kali ist Zerstörerin und Schöpferin in einer Person. Sie herrscht über alle Zyklen der Zeit und besitzt einen dreifältigen Charakter: Jungfrau, Mutter und Alte. Wirklich spannend ist, dass Kali auch im Abendland Eingang fand. Im keltischen Glauben wurde sie zu Cailleach, was soviel wie Alte Frau, aber auch *Die Verhüllte* bedeutet. (Erinnern wir uns an den Kopf der Euphemia, die ebenfalls verhüllt ist und selbst verhüllt). Ähnlich wie Kali ist auch Cailleach eine Mutter der Krankheiten, die sie verursacht und ebenso wieder heilt. Das Unglaublichste jedoch, das ich im Laufe der Arbeit an diesem Buch herausfand, ist eine weitere Göttin, deren Wesen auf Kali verweist, nämlich Kele-De, Göttin Kelle oder auch Kale genannt. Von ihr rührt der Name des irischen Kelly-Clans her. Kelle ist aber in manchen irischen Schriften der andere Name der Maria Magdalena, die manche Mönche der irischen Insel als *Gemahlin Gottes* bezeichnen. Somit schließt sich der Kreis. Sara die Ägypterin, auch Sarah Kali genannt, verweist auf die Göttin Kali, die wiederum mit Umweg über die irisch-keltische Religion auf Maria Magdalena.

Andere Überlieferungen teilen uns mit, dass in der Barke – nebenbei ein uraltes ägyptisches Symbol – Maria Magdalena, ihre Schwester Martha und ihr Bruder Lazarus, den Jesus von den Toten erweckt hatte, gewesen wären. Zu diesen drei Personen gesellte sich eben Sarah, die Ägypterin oder auch Sara Kali. Aber untersuchen wir einfach mal die Behauptung, sie wäre eine Ägypterin gewesen, was nicht weniger mysteriös ist, als sie mit der indischen Kali in Verbindung zu bringen. Sehr schnell stieß ich auf Darstellungen, auf der diese *Ägypterin* als kleines Mädchen zu sehen ist. Genauer: als Kind im zarten Alter. Was hatte ein ägyptisches Kind bei dieser Flucht übers Meer zu suchen gehabt? Oder umgab das Mädchen ein ganz besonderes Geheimnis. Sarah, die Ägypterin, Hautfarbe schwarz. Vielleicht ein Deckname? Sarah hat im Hebräischen nämlich eine ganz bestimmte Bedeutung, die sich mit Königin oder Prinzessin übersetzen lässt. Und »ägyptisch« bezeichnet nicht das Land am Nil, sondern bezieht sich auf den Ort ihrer Geburt, der *verschleiert* ist. Bleibt noch übrig, die *schwarze Haut* zu erklären. Dazu wurde ich im Alten Testament, im Buch der *Klagelieder*,

Kapitel 4,7-8 fündig: »Schwärzer als Ruß sehen sie aus, man erkennt sie nicht in den Straßen«. Die wirkliche Identität des Kindes wurde also hinter der Bezeichnung *Sarah, die Ägypterin* versteckt, weil dieses Kind, das fortan im Süden Frankreichs aufwuchs, die göttlich-königliche Dynastie fortsetzen sollte: Sarah, die Tochter des Gekreuzigten.

Jakobus, sein Sohn, kam später ebenfalls aus Edessa in den Süden Galliens gereist und besuchte den geheimen Quellen zufolge zusammen mit Josef von Arimathäa Britannien. Nach Josefs Tod soll er sich in Spanien niedergelassen haben und auch dort gestorben sein. Die Frage ist, ob sein Grab nicht das in Santiago de Compostela sein könnte. Denn wie wir heute wissen, ist der gleichnamige Apostel auf gar keinen Fall auf der iberischen Halbinsel gewesen. Jesu Sohn im Grab des Apostels?

Aber das ist eine andere Geschichte

Baigent, Leigh und Lincoln zufolge soll sich das Geschlecht der Nazarener, das Maria Magdalena weitergab, mit der Königlinie der Franken verbunden haben, aus denen die Merowingerdynastie entstanden ist. Der Letzte seiner Art, jedenfalls der offiziellen Historie nach, ist Dagobert II. gewesen, der 679 bei Stenay ermordet wurde. Sein Schädel ist noch heute in einem Kelch liegend – gralsähnlich – in Mons zu sehen.

Sigebert könnte die göttlich-königliche Linie fortgesetzt haben. Historiker behaupten, auch dieses Kind wäre damals umgebracht worden. Aber es könnte statt Sigeberts auch ein anderer sein Leben gelassen haben. Wer weiß das schon? Nun ja, das Geschlecht der Nazarener hätte sich bis zu Gottfried von Boullion fortgepflanzt, sagen die einen; die anderen behaupten, es bestünde bis auf den heutigen Tag, zum Beispiel in der Linie der schottischen Saint Clairs. (Diese königlich-göttliche Blutlinie wird auch die *Bienenlinie* genannt, wegen der großen Verehrung der Merowinger für dieses Tier).

In dieser ganzen Geschichte des Hauses Jesu, der Nazarener, wird einer überhaupt nicht mehr erwähnt, nämlich Jesus selbst. Einige erzählen, er wäre nach Indien ausgewandert, andere wollen ihn in Italien sein Leben beenden sehen. Durch das Turiner Grabtuch ist deutlich geworden, dass der Mann, der darin eingewickelt gewesen ist, noch gelebt haben muss. Sein Blut ist aus den Wunden gequollen, und das kann nur durch ein pumpendes Herz zuwege gebracht werden. Mag sein, dass Jesus die furchtbare Kreuzigung überlebt hat, vielleicht aber auch nicht, und er ist Tage später an den Folgen der Folterung gestorben. Ich jedenfalls bin davon überzeugt und habe einen furchtbaren Verdacht, was mit seinem Leichnam danach geschehen sein könnte. Genau das will ich hier Schritt für Schritt darlegen. Es zeigt eine völlig neue Sicht der Dinge.

Aber zuvor fasse ich noch einmal die wichtigsten Punkte zusammen:

1. Der Kult der Schädel hat für die Templer eine sehr große Bedeutung gehabt, wenn man an die zahlreichen Darstellungen denkt, die sie an Kirchen, Kapellen und ihren Häusern hinterlassen haben. Es gibt eine auffällige Übereinstimmung zwischen dem Wesen des Grals und des Baphomet. Beide sind Garanten für eine immer währende Fülle: Der Baphomet wurde angebetet, weil er »Reichtümer erzeugt, die Bäume zum Blühen bringt und das Land fruchtbar macht«, wie es der Anklageschrift vom 12. August 1308 zu entnehmen ist. Der Gral füllt die Tische, aber er ist auch ein Jungbrunnen, das Zentrum der Welt, in dem sich alles gleichzeitig ereignet. Gral und Baphomet sind vom Wesen her miteinander verwandt, vielleicht sogar ein und dasselbe Objekt.

2. Abgeschlagene Häupter sind Orakelquellen; das war Glaube der Kelten, der alten Juden (Teraphim) und auch der Templer.

3. Sowohl Baphomet als auch der Gral sind nicht vorstellbar ohne das Heilige Blut Christi. Die Templer verehrten unter anderem den Kopf der Heiligen Euphemia, aus deren Sarkophag zu bestimmten Zeiten Blut floss, das Heilung von Leiden und Krankheiten versprach.

4. Es gibt eine Beziehung zwischen dem Kult der abgeschlagenen Häupter und fließendem Wasser. Viele Heilige, die enthauptet wurden, ließen wundertätige Quellen am Ort ihrer Marter entstehen.

5. Es gibt drei unterschiedliche Darstellungen des Baphomet-Kopfes: als Dreigesicht bzw. Januskopf, als Schädel bzw. Gesicht, als tellurisch-vegetativer Kopf (Grüner Mann), der die Einheit mit den Kräften der Natur betont.

6. Es gibt ein Enthauptungsritual, dessen Bedeutung im Verborgenen liegt. Die Folge des Rituals ist das Heilige Haupt, das weissagt.

7. Das abgeschlagene Haupt *ruht* auf einer Schale (Johannes der Täufer) oder in einem Kelch (Dagobert II.) Beide Gegenstände sind Insignien der Fülle. Dagdas Kessel. Die Gralschale.

8. Beherrschung der Zeit: Unsterblichkeit, Verjüngung, Wiedergeburt, Weissagung sind Kennzeichen von Gral und Baphomet.

9. Die *Geschenke* des Gral-Baphomet sind *Geschenke* aus dem Nichts bzw. der Anderswelt. Wasser und Blut treten aus dem Unsichtbaren hervor.

10. Zugleich steht das Heilige Blut des Grals für die Dynastie des Hauses Jesu, des Nazareners.

Maria Luzifer – Hure und Göttin

Ich habe mich bereits in meinem letzten Buch über die Templer ausführlich über die Hure Maria, wie Maria Magdalena auch genannt wurde, ausgelassen. Einigen Lesern war das sogar zu ausführlich, sodass sie mir schrieben, ich hätte mein Buch besser *Die Templer und Maria Magdalena* betiteln sollen. Diesen Lesern kann ich nur entgegenhalten, dass das ganze verborgene Geheimnis um den Kern der Templerhäresie viel zu eng mit der Magdalena verbunden ist, als dass ich Gefahr liefe, zu viel über sie zu schreiben. Maria Magdalena ist der Haupt-Schlüssel zum Geheimnis des Baphomet-Gral. Ihre Rolle in der Geschichte Jesu ist von zentraler Bedeutung; aus verständlichen Gründen sicherlich nicht aus kirchlicher Sicht. Allein ihr Vorhandensein in den Evangelien dürfte den Kirchenvätern von jeher ein Dorn im Auge gewesen sein. Dass man sie nicht aus der Bibel entfernen konnte, belegt ihre Bedeutung umso mehr. Für die Gnostiker war sie diejenige, der Jesus seine wahre Lehre anvertraut hat. Darüber ist Petrus verletzt und eifersüchtig. Bei den Gnostikern trägt Maria Magdalena den Beinamen Maria Luzifer, die Lichtspendende, die die Nacht der Unwissenheit vertreibt. Unwissenheit bedeutet bei den Gnostikern zum Beispiel, dass Jesus nicht zuerst gestorben und dann auferstanden ist, sondern zuerst auferstanden und danach gestorben ist. Wer nämlich die Auferstehung nicht zuerst hat, wird zugrunde gehen. Das ist Christentum auf den Kopf gestellt, sagt die Kirche dazu und verurteilt nach wie vor aufs Schärfste solche Sichtweisen. Für die Kirche ist einer, nämlich Jesus, für alle Menschen gestorben, hat sie dadurch erlöst und eben nicht allen vorgemacht, wie sie ihm als Einzelne folgen können. Aus diesem Holz ist aber Maria Magdalena geschnitzt gewesen, denn sie war nicht nur Jesu Gemahlin, sondern auch seine treueste Jüngerin.

Aber es scheint sie auch ein dunkles Geheimnis zu umgeben. Sie wird als Hure betrachtet, wobei es sich dabei um eine alte symbolische Bedeutung handelt. Im Tempel von Jerusalem, den Salomon einst im Osten der Stadt errichten ließ, wurde die dreifache Göttin Mari-Anna-Ischtar, die Große Hure Babylons, zusammen mit ihrem Erlösersohn Tammuz verehrt. Ischtar ist die Hure Babylons, und ihr Name gibt noch Weiteres preis, denn er bedeutet das *Weib (ischt oder esch(e)t) des (babylonischen) Turmes (tar)*, die Gattin Nimrods, die keusche Jungfrau und Mutter zugleich ist.

Aber ihr Name ist doppeldeutig, wie die meisten Namen im babylonischen Mysterienkult. Ischtar kann außer *Weib des (babylonischen) Turmes* auch *Weib des umfriedeten Ortes* heißen. Als *umfriedeter* Ort galt bei den Babyloniern das Paradies. Somit kann Ischtar auch als *Weib des Paradieses* gedeutet werden.

Magdalena ist der Übersetzung nach *die Frau des Tempelturms*, und ihr Name deutet somit auf die drei Türme des Tempels der Großen Hure Babylons. Bemerkenswert ist aber, dass zur Anbetung der großen Hure ein Ritual gehörte, das tödlich endete, wie manche Quellen belegen. Dabei wurden die männlichen Opfer durch die Priesterinnen gesalbt, getauft, bevor sie in die Unterwelt – ähnlich wie in den griechischen Mysterien – hinabsteigen konnten. Im Evangelium des Matthäus steht dazu eine aufschlussreiche Aussage Jesu geschrieben. Der erklärte allen Anwesenden, als Maria Magdalena seine Füße salbte: »dass sie das Öl auf meinen Leib gegossen hat, das hat sie für mein Begräbnis getan.« (26,7-12)

Es gibt also auch eine enge kultische Verbindung zwischen Jesus und Maria. Meine Frage konnte nur lauten: Auf welche Weise verloren die männlichen Opfer der großen Hure Babylons ihr Leben? Sicherlich nicht durch Kreuzigung.

Eine weitere Möglichkeit, den Sinn des Namens Magdalena zu erklären, besteht darin, ihn in Verbindung mit der ägyptischen Stadt Magdolum, das Migdol des Propheten Ezechiel, an der nordöstlichen Grenze zu Judäa zu bringen. Wenn das stimmte, wäre Maria Magdalena aus Ägypten gekommen, wofür ein zweites Indiz spräche, nämlich dass sie nach der Kreuzigung Jesu dorthin geflohen sei, so die Legende, um dann später von einem ägyptischen Hafen aus mit der Barke ins südliche Gallien bei Marseille zu fliehen.

Wie auch immer, es ist nötig, dass man bei Maria Mgdalena zwischen der historischen Gestalt und der symbolischen streng unterscheidet. Sie ist die *Frau vom Turm*, somit als babylonische Ischtar personifiziert und als das religiöse Pendant der Ischtar, nämlich die ägyptische Isis. Auch sie wird von ihren Priestern als *Hure der Götter*, als *Frau im roten Gewand*, als *Hure des Grabes* angeredet. Das rote Kleid ist in der Kunst des Mittelalters immer das der Magdalena gebührende und sie als *Sünderin* kennzeichnende.

Wer den Kopf des Täufers besitzt, regiert die Welt

Wie es einen bestechenden Gegensatz zwischen Baphomet-Gral und dem Symbol des Kreuzes gibt, so gibt es auch einen großen Unterschied zwischen Magdalena und Petrus. Der eine gründete die Kirche; die andere übermittelte ihre Mysterien an Generationen von Eingeweihten, die fähig waren, den Wert des weiblichen Prinzips in der Lehre Jesu zu erkennen. Für die Templer gab es zwei bedeutende Vertreter dessen, was Jesus lehrte: Maria Magdalena und Johannes der Täufer. Letzterer hatte sogar großen Einfluss auf sie, denn immer müssen wir feststellen, dass sie seinen Kopf als Symbol für das Prinzip Baphomet-Gral in ihren Kirchen und

Häusern – oftmals als Schlussstein – anbringen. Bei ihnen galt das Wort »Wer den Kopf Johannes des Täufers besitzt, der regiert die Welt!« nicht als bloße Floskel, sondern als wirklicher Machtanspruch. Darum ist es so wichtig herauszufinden, was es mit dem Kult der Köpfe auf sich hat. Was den Kopf des Täufers angeht, so gilt dieser als verschollen. Reliquien des Täufers allerdings werden an verschiedenen Orten aufbewahrt. Eine sehr wichtige in der Omajjaden-Moschee von Damaskus, eine nicht weniger bedeutende in der Kathedrale von Amiens und ein angebliches Schädelfragment in einer kleinen Templerkapelle im belgischen Anzeghem bei Courtrai. Die Kapelle selbst ist dem Täufer geweiht, und auch hier stoße ich in diesem Fall auf die gelungene Bildhauerarbeit eines Kopfes, sehr alt, aus Holz, bärtig, in dem sich in einem Spalt in der rechten Kopfhälfte ein Stück vom Schädel des Täufers befinden soll.

Die Templer waren geradezu verrückt nach Johannes dem Täufer. Alle noch so ausgefallenen Darstellungen des Baphomet als dreigesichtiger Kopf wie in Tomar oder als Schlussstein der Gewölbedecke wie in Salers zeigen angeblich Johannes den Täufer. Warum? Weil er wie kein anderer aus der Geschichte des Christentums etwas repräsentiert, das sich allein als abgeschlagenes Haupt auf oder in einem Kelch abbilden lässt?

Papst Pius IX. hatte einst ein Buch gegen die Freimaurerei verfasst. Darin lässt er sich auch gegen die verhassten Templer aus und sagt, dass sie »Adepten der Häresie des Johannes seit ihrer Entstehung« gewesen seien. Was aber ist die Häresie des Johannes? Was meint Pius IX. damit? Mit dieser Frage haben sich auch moderne Theologen befasst und sie in Richtung eigenartiger Vorschriften und nicht-christlicher Riten gedeutet. Aber von welcher Art genau diese *eigenartigen Vorschriften* gewesen sind, teilen sie uns leider nicht mit.

Wir können nur ahnen, von welcher Art zumindest die Riten des Täufers gewesen sein müssen, denn er ist stets auch ein *Patron* der Freimaurer gewesen. Wie groß die Verehrung des Täufers bei den Templern gewesen ist, zeigt auch ein mittelalterliches Dokument, von dem Knight und Lomas in ihrem Buch *Der Schlüssel des Hiram* sprechen. Darin verweisen die beiden Autoren auf einen gewissen Lambert de Saint-Omer (Ein naher Verwandter von Geoffrey de Saint-Omer, der mit zu den neun Gründungstemplern zählt), der ein Dokument mit dem Namen *Das himmlische Jerusalem* verfasst haben soll, in dem sich wiederum eine Illustration befindet, die Johannes den Täufer als Gründer dieses himmlischen Jerusalems zeigt. Nirgendwo jedoch wird in dem Dokument Jesus von Nazareth erwähnt, obwohl Johannes der Täufer laut Evangelien doch lediglich *Vorläufer* gewesen ist.

Die Aufgabe eines Vorläufers ist jedoch fast immer undankbar und äußerst unbefriedigend. Hat er seine Aufgabe erledigt, verschwindet er in der Regel aus der Hauptgeschichte und bleibt höchstens noch am Rande erwähnenswert. Deshalb besitzen wir auch nur dürftige Angaben über sein Leben und Wirken.

Wer war Johannes der Täufer? Welche Informationen besitzen wir über ihn?

Johannes war Sohn der Elisabeth und des Zacharias, er wurde nach der Überlieferung ein halbes Jahr vor Jesus geboren. Johannes trat im Jahr 28 erstmals öffentlich als Bußprediger auf. Er lebte als Asket in der Wüste, wo er »mit rauem Kamelhaar bekleidet, von Heuschrecken und wildem Honig ernährt« geschildert wird, was an den Propheten Elia erinnert. Er verkündete am Jordan das Kommen des von den Juden ersehnten Messias und vollzog zur Vorbereitung hierauf die Bußtaufe mit Wasser als Symbol für die Rettung im kommenden Weltgericht. Dabei wurde er vom Fürsten

Herodes bespitzelt, vorbeugend von Soldaten umgeben und von den Pharisäern zur Rede gestellt, ob er der Messias sei. Für die Kirche steht der Täufer als Letzter in der Reihe der großen biblischen Propheten.

Johannes taufte Jesus am Jordan, wobei die besondere Sendung Jesu und seine Göttlichkeit zum ersten Mal offenbar wurden: »Aus dem Himmel erscholl eine Stimme: ›du bist mein geliebter Sohn, an dir habe ich Wohlgefallen gefunden‹.«

Von König Herodes Antipas wurde Johannes im Jahre 31 gefangen genommen, weil der ihm die unrechtmäßige Verbindung mit seiner Schwägerin Herodias öffentlich vorgehalten hatte. Ob das wirklich der Grund für seine Inhaftierung war, darf mit Recht bezweifelt werden. Vermutlich fürchtete Herodes Antipas eher um seine Macht, was bedeutet, dass Johannes auch politisch tätig gewesen ist. Jedenfalls soll der Überlieferung nach die hasserfüllte Herodias ihre Tochter Salome bewegt haben, als diese dem von ihrem Tanz entzückten Vater einen Wunsch äußern durfte, Johannes' Haupt zu fordern. Der *Vorläufer* Jesu wurde vermutlich im Jahre 32 enthauptet, und Salome brachte der Mutter das blutende Haupt auf einer Schale.

Es ist zu hinterfragen, ob sich hinter dieser Aktion einfach nur eine grausame Tat versteckt – das Haupt als Beweis für seinen Tod – oder ob die Enthauptung des Johannes nicht vielmehr ritueller Natur gewesen ist. Wir wissen, dass mumifizierte Köpfe in Judäa als Orakel dienten; und wir wissen, dass Johannes der Täufer als echter Prophet auch durch Voraussagen seinen göttlichen Auftrag zu belegen wusste. Das Haupt des Johannes ist reine Magie für diejenigen, die sich seiner zu bedienen wissen. Insofern sind Salome und ihre Mutter Herodias eher als Eingeweihte, denn als blutrünstige Weiber anzusehen.

Aber weiter im Sinne der Überlieferung: Nach syrischen Legenden begruben Andreas und Johannes den Leichnam in Samaria. Dieses Grab wurde von Hieronymus bestätigt, und im 4. Jahrhundert wurde dort eine Kirche errichtet, deren Reste 1931 ausgegraben wurden. Die Städte Konstantinopel, Damaskus und Emesa behaupteten aber ebenfalls, das Haupt des Johannes zu besitzen; Überlieferungen berichten über die Verbrennung der Gebeine durch die Ungläubigen in Sebaste, wobei aber Reliquien gerettet werden konnten.

In der Legenda Aurea wird Johannes auch als Engel bezeichnet, nach Maleachi 3, 1: »Siehe, ich sende meinen Engel vor mir her«; in der östlichen Tradition wird er deshalb meist mit großen Flügeln dargestellt. Als Mittler im Jüngsten Gericht ist sein Platz traditionell zur Linken Christi.

Johannes der Täufer ist Patron von Burgund, Malta und der Provence, der Städte Florenz und Amiens. Er schützt die Schneider, Weber, Gerber, Kürschner, Färber, Sattler, Gastwirte, Winzer, Fassbinder, Zimmerleute, Architekten, Maurer, Steinmetze, Schornsteinfeger, Schmiede, Hirten, Bauern, Sänger, Tänzer, Musiker, Kinoinhaber; die Lämmer, Schafe und Haustiere und die Weinstöcke. Wer ihn in Krankheit und Not anruft, der leidet an Alkoholismus, Kopfschmerzen, Schwindel, Angstzuständen, Fallsucht, Epilepsie, Krämpfen, Heiserkeit, Kinderkrankheiten, Tanzwut oder Furcht.

So weit das offizielle Bild des Täufers. Weniger bekannt ist, dass er Jünger hatte, darunter Simon Magus, der laut Neuem Testament als *Vater aller Ketzer* gilt. Wenn Simon Magus aber ein Jünger des Täufers gewesen ist, dann lässt sich aus seiner Lehre ableiten, was Johannes der Täufer wirklich lehrte und worin laut Pius IX. seine Ketzerei bestanden hat.

Simon Magus lebte mit einer Frau namens Helena zusammen, die er in gnostischer Manier zur göttlichen Sophia oder Weisheit schlechthin stilisierte, obwohl sie eine Hure gewesen sein soll. Galt nicht auch Maria Magdalena als eine reumütige Sünderin? Auch die ägyptische Isis soll nach Aussage des Bischofs Epiphanius zehn Jahre lang als Prostituierte in Tyrus gelebt haben. Das alles darf nicht wörtlich verstanden werden, sondern als ein Bild für das Mysterium des Geschlechtlichen. Ein nicht unbedeutender Punkt in der Lehre des Simon Magus ist die Vereinigung der Gegensätze, der Heiligen Hochzeit oder Hieros gamos, bei der Gott als *mannweiblich* gesehen wird. Er vertrat die Auffassung, dass das weibliche Schöpfungsprinzip, die Ennoia oder Sophia, nachdem es den Demiurgen – also den Schöpfer des sichtbaren Kosmos – hervorgebracht hatte, von den von ihr erzeugten Kräften aus dem höchsten Himmel gewaltsam und gegen ihren Willen in die physische Welt inkarniert worden war. Die Weisheit oder Sophia ist also gefangen in der Materie und muss daraus von uns Menschen wieder befreit werden.

Simon Magus war bei den Templern alles andere als ein Unbekannter. Seine Sophia (Weisheit) ist die korrekte Übersetzung des Begriffs Baphomet, den wir uns bildlich als Schädel und Gralsschale vorzustellen haben. Er verändert die schlechte Schöpfung des Demiurgen zum Guten und erhält die gesamte Natur.

Zudem stößt man in vielen Kirchen Frankreichs und Spanien noch heute auf das *Tosende Weltenrad*, das, mit Glöckchen und einer Kordel versehen, von den Gläubigen gedreht wurde, um aus dem Klang die Zukunft zu erfahren. Ins Abendland soll es durch Simon Magus gelangt sein. Erstaunlicherweise kannten Simon Magus auch die Kelten des ersten nachchristlichen Jahrhunderts, die ihm den Namen Simon Drui, der Druide, gaben. (Die Silbe *drui* wird oft in Anlehnung an Plinius mit *Eiche* übersetzt. Einleuchtender ist, dass der Superlativ *dru* mit dem lateinischen *videre* (sehen, wissen) über das keltische *wid* verwandt ist. Somit bedeutet Druide so viel wie *der sehr viel Wissende und Sehende*).

Simon Magus oder Simon Drui soll – so die keltischen Legenden – den Großdruiden Mog Ruith persönlich unterrichtet haben. Das bedeutet, dass das Wissen um das *tosende Weltenrad* vermutlich durch Simon Magus, den Jünger des Täufers, auch nach Irland gelangt ist. Das Symbol des sich drehenden tosenden Weltenrades gehörte mit zum geheimen Wissen der Templer. Im Übrigen muss ein Typ wie Simon Magus den Templern einfach auch deshalb gefallen, weil er Unerhörtes aussprach und den ersten Papst in die Schranken verwies. So ist überliefert, er habe Petrus vorgehalten, dass diesem das »unvernünftige Volk beistimmt, ja ihn lieb gewinnt, weil er lehrt, was bei ihm Brauch ist, ihn (Simon Magus) aber verflucht, weil er etwas Neues und Unerhörtes verkündet.«

Wir halten fest, dass die Lehre des Simon Magus zugleich ein Licht auf die von Johannes dem Täufer wirft, auch wenn wir im Neuen Testament derart Ketzerisches nicht über ihn erfahren. Aber es muss viel Ketzerisches in ihr vorhanden gewesen sein, wenn ein Papst wie Pius IX. sie aufgreift, um damit gegen Templer und Freimaurer gleichermaßen zu wettern.

Jesus und Magdalena, Simon Magus und Helena, Baphomet und Sophia – es ist eine gemeinsame Linie zwischen den drei Paaren auszumachen, und sie zielt direkt auf das Prinzip des Weiblichen im gesamten Schöpfungsablauf, auf den fruchtbaren Schoß, der dem All Gestalt verleiht. Ein Symbol dafür ist die Gralsschale.

Der Gral in Ganagobie

Es ist ein uraltes Bild der Schöpfung: der Kessel mit Blut als Symbol der kosmischen Schoßes, als Quelle der Wiedergeburt. Alles Leben, aller Geist, alle Materie und jegliche Energie entstanden in unterschiedlichen Formen aus den Tiefen des immer währenden kochenden Kessels und kehren dahin zurück, wenn die Formen an ihr Ende gelangt sind. Alle Formen lösen sich in diesem Kessel wieder, werden miteinander und untereinander vermischt und kehren in die Welt der Materie zurück. Der Kessel steht für die zyklische Wiederkehr, die niemals endet, und versinnbildlicht somit das Prinzip des Weiblichen, der Großen Mutter in der Natur. Nicht anders ist die Natur des Grals, der aus sich heraus das Leben immer wieder erneuert und verjüngt.

Wie nah die alte heidnische Vorstellung vom Kessel mit der des Grals verknüpft ist, lässt sich an Orten wie Bath in England festmachen. Bath gilt als der schönste aller römischen Quellschreine und liegt tief im Herzen des Keltenreiches. Diese heißen Quellen wurden wegen ihrer heilenden Wirkung von Römern wie Kelten gleichermaßen geschätzt. Kelchbrunnen ist der geheime Name von Bath, und er wird direkt mit der Gralslegende in Verbindung gebracht. In ihm ruht der Gralskelch, und sein auffallend rotbraunes Wasser ist angeblich auf das Blut Christi zurückzuführen. Keltisch gesehen ist Bath *das Auge* oder *das Loch* der Großen Mutter. Es verschlingt und gibt zugleich, ein natürlich kochender Kessel, dessen Quelle noch nie versiegt ist.

Die katholische Kirche hat die Gefahr, die vom Gral ausgeht, immer gesehen. Der Gral als *Nachfolger* des *ewig kochenden Kessels* ist ein Gegenentwurf zum Symbol des Kreuzes. Das Symbol des schäumenden Lebens, der ewigen zyklischen Wiederkehr wurde durch eines des schmerzvollen Todes, des Totenreichs und des Gerichts ersetzt. Das

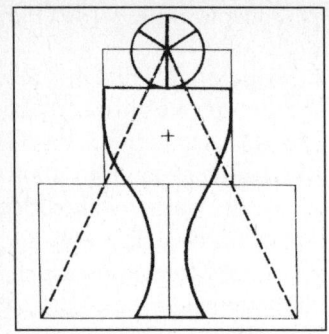

Grals-Portal der Kirche von Ganagobie

Kreuz ist linear, der Kessel zyklisch. Männlich gegen weiblich, die Konzeption der Kirche bis heute. Der Gral ist ein Gegenentwurf zu diesem Weg, wollte ihm zumindest eine andere Richtung geben. Aber die Kirche hat das zu verhindern gewusst, indem sie die Konzeption, die dem Gralsgeschehen zugrunde liegt, als heidnischen Aberglauben zurückgedrängt hat. Die Templer versuchten den Gral zu retten, mitunter versteckt, wie wir es auch am Eingangsportal der Klosterkirche von Ganagobie zwischen Sisteron und Manosque in der Provence erfahren. Ganagobia bedeutet soviel wie »Plateau der drei Quellen«, und in der Tat liegt die Kirche auf einem 650 Meter hohen und steil abfallendem Felsplateau, das von zahlreichen Höhlen durchzogen ist und eine mehr als 4000-jährige Besiedlung aufweist. Das Tympanon (Bogenfeld) der Eingangspforte aus dem 12. Jahrhundert zeigt im Zentrum Christus, dessen linke Hand ein geschlossenes Buch hält – ein bekanntes Bild für esoterisches Geheimwissen. Seine rechte Hand segnet den oder die Betrachter. Zwischen zwei Greifen – geflügelte Löwen mit Adlerköpfen – ruht der göttliche Mensch, und die Anordnung der Figuren ist vom Steinmetz so ausgeformt und angeordnet worden, dass sie die Gestalt eines Kelches ergeben: der Gral.

Jesus ruht im Gral, das heißt, sein Kopf ragt aus dem Kelch heraus, was wiederum an das Symbol Gralsschale und abgeschlagenes Haupt erinnert. Auf einer zweiten Ebene ist dies auch die Situation des Grabes, dem er auferstanden entsteigt. Fast unglaublich ist jedoch die Feststellung, dass die Aureole, die seinen Kopf umgibt, Runen sind, nämlich die Runen MAN und KANN. (Ein Freund berichtete mir, dass er diese Runen auch in Jerusalem am Heiligen Grab entdeckt habe). Die Rune MAN bezeichnet den Menschen im Kontakt zum All. Ich erinere daran, dass auch Odin am Baum des Lebens hing, durchbohrt vom Speer, sich selbst geweiht und auferstand. Auferstehung und Gral in eins zu setzen, wie am Tympanon dieser alten Kirche zu sehen, zeigt, dass es eine geheime Tradition gab, die das wirkliche Wissen um Kreuzigung und Auferstehung über Generationen weitergegeben hatte. In die Darstellung in Ganagobie gehört dann auch passend noch der Ritter mit der Lanze, der einen Drachen tötet. Sankt Michael? Eher Symbol für Lanzelot, für den Gralsucher an sich, der den Gral findet und dabei das Böse vernichtet oder in sich aufnimmt.

Ein Engel und ein Adler sind rechts und links neben dem *Grals-Christus* zu sehen und zwei weitere geflügelte Wesen, die ebenfalls als *himmlische Boten* auf das Mysterium des Heiligen Grals verweisen. Seine Botschaft aus dem *Reich der Mütter* ist im Mittelalter präsent gewesen, nicht zuletzt durch das Wirken der Templer. Leider haben die heutigen Mönche von Ganagobie – die Klostergemeinschaft Sainte-Marie-Madeleine, die in Stein gehauene Botschaft ihres Gotteshauses, völlig aus dem Blick verloren oder bewusst verdrängt. Ein enttäuschender Eindruck, den ich aus einem Gespräch mit ihnen gewinnen musste.

Es existiert noch eine andere Kirche in Frankreich, die sich durch ihre auffällige Form direkt mit dem Gral in Verbindung bringen lässt. Man findet sie am Fuße der Pyrenäen, nicht weit von Mont-Louis. Im Volksmund wird die ungewöhnliche Kirche von Planès auch »La Mesquita« – die Moschee – genannt, vermutlich, weil sie eine so ausgefallene Form hat. Sie wurde im 12. Jahrhundert erichtet und ähnelt einem Pentagramm mit kantigen und halbkreisförmigen Apsidolen, wobei die zentrale Kuppel in der Mitte auf drei Halbkuppeln ruht. Das gesamte, von seiner Anlage her transformatorische Kirchengebäude ist eindeutig ein spirituelles Zentrum des Templerordens gewesen, ein privilegierter Ort, an welchem man sich in seiner architektonischen Mitte – vom Raumerlebnis her – wie in einem großen Kelch, einem bauchigen Kessel, aufgehoben und geborgen fühlt. Planès ist ein weiteres Zentrum der Initiation, der Erneuerung und Umwandlung gewesen. Und noch etwas: Bemerkenswerterweise liegt diese Kirche, dieser Initiationstempel, fast genau auf dem selben Längengrad wie der Temple von Paris, die Hauptzentrale des Ordens. Solche Zufälle gibt es nicht, und es ist auch längst bekannt, dass die Templer solche genauen Positionierungen vornehmen konnten, wie ich es am Beispiel der Kirche St. Bartolomé in Spanien, die exakt 527,127 Kilometer von zwei Kaps der Halbinsel entfernt ist, in meinem letzten Buch belegt habe.

Die Bedeutung des göttlichen Paares

Nach allem, was ich in den vorangegangenen Kapiteln über Gral und Baphomet, über Maria Magdalena und den Täufer, über abgeschlagene Köpfe und diesbezüglich geheime Überlieferungen vorgetragen habe, ergibt sich für mich folgendes Bild:

Die Geheimnisse der Templer waren vorwiegend magischer und alchemistischer Natur. Ihre Überlegenheit in den Kenntnissen der heiligen Geometrie, der Architektur, Kosmologie, Mathematik und der Astrologie ist evident. Als Beweis dafür haben sie uns *steinerne Bücher* wie Kathedralen, Kapellen und Tempel, bildliche Darstellungen an und in Kirchen und ihren eigenen Komtureien hinterlassen. Wer die Gegenwart begreifen will, wer die wirkliche Geschichte des Christentums, vor allem aber ihren wahren Kern kennen lernen will, der muss sich dem, was uns die Templer hinterlassen haben, stellen.

Die abgeschlagenen Köpfe bedeuten Macht. Je mächtiger der Mann oder die Frau zu Lebzeiten gewesen ist, desto bedeutender ist sein oder ihr Kopf nach dem Tode. Er wird zum Orakelkopf und steht zugleich für die zyklische Schöpfung, die sich nach einem festgelegten Ablauf ewig erneuert. Das Tote ersteht erneut, ist Totes nur im Vorübergehen. Und so führt uns eine Spur des Templerglaubens zu zwei mächtigen ägyptischen Göttern: Isis und Osiris.

Der Mythos von Isis und Osiris reicht sicherlich bis ins 4. vorchristliche Jahrtausend zurück. Die geistigen Möglichkeiten, die in der Entwicklung des Menschheitsbewusstseins angelegt sind, werden in diesem Mythos dargelegt: Osiris, ein Sohn des Sonnengottes Re, regiert zusammen mit seiner Frau Isis als mächtiger Pharao Ägypten. Ihr gemeinsamer Sohn heißt Horus. Sowohl Isis als auch Osiris haben eine Schwester bzw. einen Bruder. Isis' Schwester ist Nephthys – ihre dunkle Seite –, und Osiris' Bruder Seth steht für seine dunkle Seite. Zusammen mit Nephthys zeugt Osiris unwissend seinen Sohn Anubis, den schakalköpfigen Gott, der als Dämon an der Pforte zwischen Leben und Tod wacht. Seth stellt seinem Bruder Osiris nach und lässt ihn töten, indem er ihn in eine versiegelte Lade (Sarg) legt, um ihn darin auf dem Meer umhertreiben zu lassen. Weil Seth aber ganz sichergehen will, dass sein mörderischer Plan auch gelingt, zerstückelt er später die Leiche des Osiris in vierzehn Teile – gleich viele Stationen hat auch der christliche Kreuzweg – und verstreut die Leichenteile übers Land. Isis jedoch wandert klagend und weinend über die Erde, findet nach und nach alle vierzehn Teile und setzt Osiris Körper wieder zusammen. Auf diese Weise kann er der Unterwelt entkommen, auf die Erde zurückkehren und seinen Kampf zusammen mit seinem Sohn Horus gegen Seth aufnehmen.

Die alten Ägypter erkannten in dem Bruderkampf der Götter das Wechselspiel zweier polarer Lebensmächte, das die Welt auf geheimnisvolle Weise im Gleichgewicht hält. Dass Seth seinen Bruder in eine Lade einsperrt, die genau nach seinen Körpermaßen angefertigt wurde, bedeutet, dass sich Osiris selbst in der Sinnenwelt gefangen hält. Sein wahres Selbst wird wie in einem Sarg eingeschlossen und kann sich nicht entwickeln. Es ist der Welt des Scheins verfallen.

Warum aber wird sein Leib in vierzehn Teile zerstückelt? Nach den Mysterienlehren wirken im Menschen sieben große Kräfte: Fühlen, Denken, Wille, Energie usw. Jede einzelne Kraft besitzt eine positive und eine negative Seite, wodurch sich insgesamt vierzehn Teile ergeben. Aber all diese Kräfte im Menschen, dunkel wie licht, wirken für sich selbst und sind nicht mehr zur Einheit verbunden.

Osiris wird durch Isis gerettet. Als die *große Jungfrau*, die alles aus sich selbst hervorbringt, ist Isis die Urmutter, die über alle Schöpfungskräfte und damit über Zauberkräfte und geheimes Wissen verfügt. Nur durch sie kann sich Osiris von der Sinnenwelt lösen – Abstieg in die Unterwelt – und drei Tage später, nachdem sich die sieben lichten und sieben dunklen Kräfte in ihm, im Menschen zur Einheit verbunden haben, auferstehen und auf die Erde zurückkehren. Die alten Ägypter verbanden damit das Bild des *Erwachten*, des *Auferstandenen*, der als Greis am Schwanz einer Schlange in diese eintritt und als Jüngling aus ihrem Maul wieder herauskommt, was bedeutet, dass er abends von der Himmelsgöttin verschlungen und am Morgen wieder geboren wird. Anschließend kann er nie mehr dahinschwinden wie alle anderen Sterblichen. Er ist, wie es die Gnostiker sagen, »auferstanden bevor er sterben wird« und nicht umgekehrt.

Die Mysterien von Isis und Osiris besaßen jedoch auch eine geheime, sexuelle Seite, von der viel zu selten die Rede ist und die gerade für meine weiteren Ausführungen große Bedeutung hat. Isis und Osiris sind auch das Prinzip der gebärenden und befruchtenden Natur. Isis ist auch Venus und sie steht damit für das weibliche Prinzip im Kosmos. Kuh und Ochs waren die Symbole von Isis und Osiris. Die Priester der Göttin trugen bei feierlichen Umzügen die mystische Getreideschwinge, ausgestattet mit Korn und Kleie, die aber nur das Erste behält und das Zweite auswirft. Die Priester des Gottes Osiris trugen das Heilige Tau oder den Schlüssel, der die bestgesicherten Schlösser öffnet. Das Tau stellt das männliche Glied dar, die Schwinge oder Ähre die weibliche Yoni. Dazu kommt noch das Auge, das die Beziehungen zwischen den Geschlechtern andeutet, das allsehende Auge, das Horus zugeordnet wird. Ebenso trugen bei den feierlichen Umzügen, unmittelbar hinter der säugenden Kuh, junge, geweihte Mädchen die Cistophoren, Binsenkörbchen, gefüllt mit runden oder länglichen, in der Mitte durchlochten Kuchen. Eine andere Priesterin trug in einer Urne den Heiligen Phallus, der nach Apulejus *das Heilige Bild der höchsten Gottheit und das Werkzeug der allergeheimsten Handlungen* war. Dieser Phallus war die bildliche Darstellung eines Teiles vom Körper des Osiris, denn bei seinem Abstieg in die Unterwelt war er zugleich eingegangen in den Schoß der unterirdischen Göttin.

Eine seltsame Doppeldeutigkeit besitzt das Heilige Tau, das als Phallussymbol zugleich die wahre Form des Kreuzes ist, an dem Jesus hing. Das Tau-Kreuz, auch Antoniuskreuz genannt, ist an vielen Templerkirchen Nordspaniens zu sehen, überwiegend am Pilgerweg nach Santiago de Compostela. Das Tau-Kreuz wird bereits beim jüdischen Propheten Hesekiel erwähnt und ist dort ein Zeichen göttlicher Erwähltheit, was vermutlich auf den altägyptischen Mythos von Osiris und Isis zurückgeht.

Isis wurde gerne mit Maria, aber auch mit Maria Magdalena gleichgesetzt.

Was ist mit Jesus? Gibt es Parallelen zum Geliebten der Isis?

In der Tat, es gibt eine Vielzahl an Parallelen zwischen dem ägyptischen Gott und dem christlichen Religionsstifter: Osiris starb an einem *Freitag* und wurde von Isis beweint. Nach drei Tagen stand er von den Toten auf.

Nicht anders als Isis verhält sich Maria Magdalena, die als Erste das Grab des am Kreuz Verstorbenen besucht und dort auf den Gärtner (Jesus) stößt. Als dieser sie fragt, warum sie weine, antwortete Maria Magdalena: »Weil sie meinen Herrn weggenommen haben und ich nicht weiß, wo sie ihn hingelegt haben«. (Joh. 20,13) Was so klingt, als wäre Maria Magdalena ahnungslos, uneingeweiht, ein wenig konfus, ist in Wirklichkeit ein Ritual. Sowohl bei den Mysterien von Isis und Osiris als auch bei den Mysterien der babylonischen Liebesgötter Tammuz und Attis gab es für den weiblichen Mysten, also die Einzuweihende, einen ähnlichen Satz zu sagen: »Sie haben meinen Herrn weggenommen, und ich weiß nicht, wo ich ihn wieder finden kann.«

Im Isis-Tempel von Denderah wurden vor Tausenden von Jahren die Worte eingemeißelt: »Kommt zu mir, die ihr durstig seid, ich werde euch erfrischen!« Das sind die Worte einer liebenden Mutter, aber wir vernehmen sie auch aus dem Munde Jesu. Und der große englische Ägyptologe E.A.

Wallis Budge berichtet im 19. Jahrhundert, dass er im Tempel des Osiris-Amon auf die erste Zeile des Vater Unser gestoßen sei, die allerdings lange vor der Zeit des Christentums dort als Hieroglyphen verewigt worden ist. Es heißt: »Amon, Amon, der du bist im Himmel …«

Wir müssen uns also der Frage stellen, inwieweit Jesus von den ägyptischen Mysterien um Isis und Osiris beeinflusst worden ist oder ob er gar, wie einige Forscher behaupten, das weibliche Prinzip, das Isis verkörpert, ins religiöse Judentum durch seine Lehre integrieren wollte. Eine für christliche Theologen sicherlich unerhörte Behauptung, aber wir müssen sie, auch im Bezug auf die Geheimlehre der Templer, gründlich bedenken.

Woher nahm Jesus seine Lehre? Aufforderungen wie »esset, das ist mein Leib« und »trinket mein Blut«, sind jedenfalls mit dem Alten Testament und rabbinischer Tradition unvereinbar. Also woher bezog Jesus seinen geistig-religiösen Background?

Für die Mehrheit der Christen steht fest, dass es niemals eine esoterische oder geheime Tradition des Christentums gegeben hat. Dem kann jedoch von höchster Stelle widersprochen werden, nämlich durch Klemens von Alexandrien, den Autor der *Stromateis* und zudem Kirchenvater des 2. nachchristlichen Jahrhunderts. In seinem Brief an Theodorus heißt es bezüglich des Evangelisten Markus: »… verfasste er (Markus) ein geistigeres Evangelium zum Gebrauch für jene, die eben vervollkommnet wurden. Des ungeachtet enthüllte er nicht die nicht zu verbreitenden Dinge, noch schrieb er die hierophantische Lehre des Herrn nieder, sondern fügte den schon geschriebenen Geschichten …«[5]

---

5 Quelle. Morton Smith, *Auf der Suche nach dem historischen Jesus*, Frankfurt/M., Berlin, Wien 1971, S. 25.

Weiter erzählt Markus, dass die Wahrheit nicht allen enthüllt werden darf und eben das »innerste Heiligtum dieser Wahrheit« von »sieben Schleiern verhüllt ist«.

Was auch mich, der ich Theologie studiert habe, beim ersten Mal, als ich diesen Brief las, zutiefst verwundert hat, ist das freimütige Bekenntnis des Kirchenvaters Klemens von Alexandrien, dass es eine hierophantische Lehre Jesu überhaupt gegeben hat. Das muss für jeden aufrechten Christen schon deshalb ein Schock sein, weil er fest darauf vertraut, alles Wesentliche und Richtige über seinen Glauben von seinem Pfarrer bzw. Religionslehrer erfahren zu haben. Dass er vielleicht nur die halbe Wahrheit kennt, kann ihm nicht behagen. Was aber ist die volle Wahrheit über die Lehre des Herrn?

Sie erschließt sich teilweise aus den Thesen des Gnostikers Karpokrates, gegen den Klemens in seinem Brief polemisiert. Karpokrates, der um 120 n.Chr. lebte, soll laut Klemens von Alexandrien gelehrt haben, dass es zum einen die Seelenwanderung gibt und zum anderen eine Seele so lange wieder geboren wird, bis sie alle nur erdenklichen bösen Taten, vor allem sexueller Natur, begangen hat. Der Kirchenvater stellt die Lehre des Karpokrates als Abgrund des Bösen dar, vor allem schon deshalb, weil er den Gedanken, der ganz allgemein hinter dem Reinkarnationskonzept steht, überhaupt nicht begriffen hat. Eine winzige Passage im Brief des Klemens von Alexandrien gibt uns jedoch einen entscheidenden Hinweis, von welcher Art der Inhalt der geheimen Lehre Jesu gewesen sein könnte. Er wettert nämlich gegen das in seinen Augen lästerliche Treiben der Karpokratianer, die die fleischlichen Sünden deshalb begehen, um sich selbst zu erlösen. Und Klemens erklärt, dass selbst wenn sie etwas »Wahres sagen sollten, einer, der die Wahrheit liebt, ihnen nicht zustimmen sollte.«

Das aber bedeutet nichts anderes, als dass die Wahrheit nicht allen zumutbar ist. Die Wahrheit gehört einer Minderheit innerhalb der Gemeinschaft der Christen. Diesen Eindruck vermittelt uns der Brief des Kirchenvaters.

Ein bedeutender Punkt in der Lehre des Karpokrates ist also die Sexualität gewesen. Sie taucht auch in der Lehre des Simon Magus auf, der zusammen mit seiner Helena oder Sophia das Ritual der *Heiligen Hochzeit* praktizierte. Nach jüdischer Auffassung ist Jesus in Ägypten gewesen und hat dort Magie gelernt. Ein Ägyptenaufenthalt wird auch Simon Magus nachgesagt. Für die Juden ist Jesus ein böser Magier gewesen, der zudem noch Geheimnisse preisgegeben hat, wie zum Beispiel den geheimen Namen Gottes. Das war der wirkliche Grund, warum der Hohepriester seine Kleidung zerriss, genauer am Kragen rituell einriss, und Jesus Gotteslästerung vorwarf. Wenn Jesus wirklich in Ägypten gewesen ist, dann wird er sich dort neben der Magie auch mit den ägyptischen Mysterien von Isis und Osiris vertraut gemacht haben. Im gnostischen *Buch des großen Logos* lehrt Jesus seine Jünger die erforderlichen *Siegel, Zahlen und Verteidigungsformeln* für die verschiedenen Stufen des kosmischen Weges, was nichts anderes bedeutet, als dass er sie in ritueller Magie unterrichtet. Im Übrigen haben einige Forscher festgestellt, dass bestimmte Aussagen des ägyptischen Totenbuches an Passagen im Evangelium des Johannes erinnern. Ähnlich wie bei Johannes identifiziert sich der ägyptische Tote mit der Gottheit selbst, nennt diese Vater, sich selbst seinen Sohn und vollendet die Werke des Vaters, denn er und der Vater sind eins.

Für mich besteht kein Zweifel, dass Jesus das ägyptische Totenbuch gekannt haben muss. Aber es kommt noch erheblich mehr hinzu.

Für die Juden war Jesus ein Magier. Das klingt für jeden aufrechten Christen wie eine Beleidigung, weil Magier keine Wunder wirken, sondern Tricks gelernt haben und mehr Verführer sind als Wahrheitsverkünder. Zumindest denkt so die Volksseele. In der Magie geht es um Macht. Macht entsteht aus dem Wissen. Und es gibt einen großen Unterschied zwischen Macht, die der eine, und der Macht, die der andere ausübt. Die erste ist die Macht, die zwingen will, die zweite ist die Kraft, die aus einem tiefen Verstehen erwächst. Das ist die Macht Jesu, seine Anwendung von Magie. Wenn man sich nun die Evangelien einmal genauer ansieht, stellt man zunächst fest, dass außer von Berichten, dass Jesus Geister herumkommandierte, es oberflächlich gesehen keinerlei magische Prozeduren gibt. Aber das täuscht gewaltig. Wie bei den Magiern aller Zeiten, heilt Jesus durch Berührung, Handgriff, Aufwärtsblicken, Seufzen oder Stöhnen, Gebrauch aramäischer Wendungen im griechischen Text, Verwendung von Speichel in einer Salbe, auffälligem Gebrauch der Hände, Berührung der Zunge, wobei er behauptet, den »Finger Gottes« zu benutzen, Zorn auf die Dämonen, Verbot ihrer Rückkehr, Aufforderung an die Kranken zu glauben, also Vertrauen zu haben, mitunter auch Heimlichkeiten bei Durchführung der Heilungen, quasi unter vier Augen usw. Entscheidend ist aber, dass, wie Markus sagt, Jesus vom Geist erfüllt ist und damit zum Sohn Gottes wird. Dem wird mir jeder Theologe arglos zustimmen. Aber genau diese Einstellung, dass der Magier vom Geist seines Gottes erfüllt ist, finden wir auch in einem altägyptischen Papyrus, dem London-Leydener magischen Papyrus. An einer wichtigen Stelle stoßen wir auf eine direkte Parallele zum Wunder des Abendmahls: »Ich bin er, der Gott des Tempels von Abydos ... wofür das Blut des Osiris Zeugnis ablegte ... als es in diesen Becher, diesen Wein gegossen wurde. Gewähre es, o Blut des Osiris, das er der Göttin Isis gab, damit sie in ihrem Herzen Liebe für ihn empfinde ... gib es, das Blut von (hier setzt der Magier seinen eigenen Namen ein) an (hier setzt der Magier den Namen der Empfängerin ein) in diesen Becher, in diese Schale Wein, heute, damit sie in ihrem Herzen Liebe empfange, die Liebe, die Isis für Osiris empfand.«[6]

Der Trank im Kelch wird dem Blut der Magier-Gottheit gleichgesetzt und demjenigen, der mit ihr Kommunion haben will, als Trank gegeben, damit sich beide in Liebe vereinen.

Dieser direkte Vergleich mit einem alten ägyptischen Text, bei dem es um eine magische Praxis geht, mit den Vorgängen beim Ritus des Abendmahls belegt eindeutig, dass es geistige Verbindungen zwischen beidem gibt. Jesus muss die ägyptische Variante gekannt haben.

Wie sehr er sich dabei bis in die Sprache hinein an den Priestern der Isis und des Osiris orientierte, zeigt auch die Aufforderung an Lazarus, den verstorbenen Bruder der Magdalena, den er mit den Worten »Lazare, komm heraus!« vom Tod erlöst. Mit der gleichen verbalen Aufforderung, wobei der Name des *Verstorbenen* naturgemäß wechselte, riefen die ägyptischen Priester-Initiatoren jene wieder ins Leben zurück, die zu ihnen gekommen waren, um sich den Isis-Osiris-Mysterien hinzugeben. Ziel: die Sinnenwelt absterben zu lassen, um eine Überzeugung vom Dasein des Ewigen zu gewinnen.

Das und nichts anderes ist Auferstehung vor dem Tode! Und noch etwas: In den Johannesakten, die bis ins 8. Jahrhundert hinein ein geschätztes gnostisch geprägtes Werk im Abendland gewesen sind, sagt Jesus von sich selbst, dass »noch nicht alle Glieder dessen, der herniederstieg, gesammelt worden sind«, was direkt auf das Einsammeln der vierzehn Körperteile im Osirismythos verweist.

---

6 Quelle: Morton Smith, *Auf der Suche nach dem historischen Jesus*, Frankfurt/M., Berlin, Wien, 1971, S. 125.

Wie eng verknüpft alte Mysterienkulte mit dem Christentum sind, zeigt auch das Datum des alljährlichen Weihnachtsfestes.

Es gehört einem ganz anderen als Jesus, der allerdings seit 1700 Jahren seinen Platz eingenommen hat; nämlich Mithras, »der Gott aus dem Fels«.

Mithras ist zunächst einmal dem Namen nach der Gott des »Bundes« – Mitra heißt im Altindischen »Bund« und wurde im Altpersischen zu Mithra. Zur Zeit der Wintersonnenwende, die bei der Einführung des julianischen Kalenders im Jahre 46 v.Chr. durch Iulius Caesar auf den 25. Dezember festgelegt wurde, feierten schon die Babylonier das Einweihungsfest des Henoch-Mithras. Als Kaiser Aurelian den römischen Mithras 274 n.Chr. als *unbesiegten Sonnengott* (Sol Invictus) zum Römischen Reichsgott erklärte, wurde das Einweihungsfest des Henoch-Mithras am 25. Dezember zum Fest des Geburtstages des römischen Mithras Sol Invictus umfunktioniert.

Die Kirche Roms feiert seit 354 bis heute am 25. Dezember dieses Einweihungs-Weihnachts-Fest des Henoch-Mithras als Fest der Geburt des unbesiegten Sonnengottes Mithras, dem sie den Namen Jesus gab. Jesus und der Sonnengott. Wenn man jetzt noch seine letzten Worte am Kreuz, die uns Matthäus als »Eli,Eli!« wiedergibt und die man mit »Mein Gott! Mein Gott!« übersetzt, für eine falsche Übersetzung erachtet, denn »Mein Gott« hätte in der Muttersprache Jesu nicht »Eli«, sondern »Ilahi« geheißen, dann muss man zwangsläufig zu einem Ergebnis kommen, dass er nicht irgendeinen Gott, sondern Helios, den Sonnengott, angerufen hat. Der Prophet Elias, an den man auch noch denken könnte, scheidet sicherlich aus. Und mit Helios, dem Sonnengott, sind wir auch wieder beim Sonnengott Re, dem Vater des Osiris angelangt. Osiris steht für die Wiederauferstehung. Jeder wiederauferstandene Gott braucht eine Göttin: Osiris ist ohne Isis nicht denkbar, der griechische Attis nicht ohne Kybele. Und was Isis für Osiris, ist Maria Magdalena für Jesus. Der Kreis schließt sich.

Und was das konkret für den Glauben bedeutet, erfahren wir ebenfalls durch die Gnostiker: Als Erstes steht die Taufe, danach die Salbung, dann die Eucharistie, danach die Auferstehung und zum Schluss als Krönung die Heilige Hochzeit, die Vereinigung der Gegensätze durch die Vereinigung von Mann und Frau. Und das Evangelium des Phillipus fügt klar und deutlich hinzu: »Begreift die Kraft, die dem reinen Liebesakt innewohnt.«

Überlebt von beiden Liebenden hat am Ende allein die »Frau vom Turm«. Maria Magalena floh zu jüdischen Benjaminiten im Süden Galliens. Aber sie kam, wie wir wissen, nicht mit leeren Händen. Sie brachte die Frucht ihres Leibes mit, ihre Tochter, mit der sie eine göttlich-königliche Dynastie zu gründen gedachte, und sie brachte einen bedeutenden Kultgegenstand mit, vielleicht sogar zwei. Aber davon ist im nächsten, großen Kapitel, wenn es um das Geheimnis von Rennes-le-Châteaux geht, die Rede.

Exkurs: Maria Magdalena, Templer und Tarot

Maria Magdalena ist die Erste, die Jesus nach seiner Auferstehung sieht, und sie hält ihn für den Gärtner. Warum gerade für den Gärtner, was auf eine komische Weise irgendwie modern klingt. Als würde es in unserer Welt spielen, und es hätte auch der Postbote sein können. Sie verwechselt den auferstandenen Geliebten also mit dem Gärtner. Wir müssen uns jedoch immer vor Augen halten, dass diese Beschreibung nicht real gemeint sein kann. Es ist ein Bild und steht für etwas ganz

Bestimmtes. Der Gärtner ist Teil des Paradieses, Teil der anderen, unverbrauchten Welt, Teil des ewig fruchtbaren und sich erneuernden Gartens, die Welt der Hesperiden, Arkadien. Insofern gehört der Gärtner in die Sphäre des Grals, der alles blühend macht.

Maria Magdalena stammte aus adligem Geschlecht. Die Namen ihrer Eltern waren Cyrus und Eucharis, ihre Geschwister hießen Lazarus (der von Jesus von den Toten erweckt wurde) und Martha. Ihre Familie war nicht arm, aber sie war eine Benjaminitin, was bedeutete, dass sie dem Geschlecht des Kains entstammte. Aus diesem Grund war ihr Volksstamm geächtet. Im Lukas-Evangelium beschreibt sie der Verfasser als »Frau, aus der sieben Teufel entwichen waren«. Allgemein fasst man dies als eine Art von Exorzismus auf, den Jesus an ihr vornahm. Aber meiner Meinung nach bezieht sich diese Redewendung auf etwas Rituelles im Ischtar-Kult. Dort finden wir nämlich die siebenstufige Weihe der sieben Schleier. Wenn wir Maria Magdalena mit Isis und mit Ischtar personifizieren, dann stoßen wir auf sie auch im Tarot. Die achte Karte – die *Kraft* – im Waite-Tarot zeigt eine junge Frau mit einem Löwen und einer liegenden Acht, die über ihrem lockigen, mit Blumen verzierten Haar schwebt. Beides, sowohl die Acht als auch der Löwe, sind Zeichen, die man der Göttin Ischtar zuordnet. Interessant ist auch, dass man diese Karte aus den großen Arkana inhaltlich der Zahl 11 zuordnet, der Zahl der Sünde. Die *Zahl der Sünde* ist die Differenz zwischen Sonnenjahr (365 Tage) und Mondjahr (354 Tage). Die mythische Geschichte dazu verweist indirekt erneut auf die Magdalena, denn Ra verfluchte seine Frau Nut, weil sie ständig wechselnde Liebhaber hatte. Eine Prostituierte!

Die liegende Acht über ihrem Haupt oder die Lemniskate besitzt im Tarot nur noch der *Magier* als Zeichen der Vollendung. Er ist Meister der Realität und Herr seines Schicksals. Die Zahl Eins ist ihm zugeordnet oder auch das Alpha. Zudem ist der Magier als Einziger im Besitz aller Insignien des Grals: Kelch, Stab (Speer), Schwert und Münze (Schale). Legt man die Großen und Kleinen Arkana zu einer Schleife bildenden liegenden Acht aus, dann steht die Karte *Kraft* direkt der Karte *Der Gehängte* (Nr. 12) gegenüber. Diese aber ist ein Symbol für den *Fischerkönig*. Der Gehängte hängt am Tau-Kreuz; sein Kopf ist deutlich sichtbar von einem Strahlenkranz umgeben – (Hinweis auf Kopfkult?), seine Beine bilden das Gnostikerkreuz, und im Übrigen verweist dies auch auf den germanischen Gott Odin, der ebenfalls am Baum hing. Die Karte *Der Magier* steht im Kreislauf der liegenden Acht der *Sonne* (Nr. 20) gegenüber. Die Sonne ist das Symbol für Auferstehung, verweist so auf den Sonnengott Ra und Osiris zugleich. Auf der Karte sieht man ein fröhliches Kind auf einem weißen Pferd. Ist es das *Pferd Gottes*, das im zweiten Dokument des Abbé Saunière in Rennes-le-Château erwähnt wird? Vielleicht. Ich hege jedoch nicht den leisesten Zweifel an meiner Deutung, dass Maria Magdalena im Tarot die *Kraft* ist und ihr Geliebter Jesus, der Nazarener, der *Magier*.

Auch auf diese Weise lassen sich die Tarot-Karten lesen, und vermutlich ist das ihre zweite Ebene, die auf ihren ursprünglichen Zweck hindeutet: Die wahre Geschichte vom Gral, von der römisch-katholischen Kirche, von Jesus und Maria Magdalena und von den Templern zu erzählen. Sehr gut möglich, dass genau diese Sicht einigen Theologen und Kirchenfürsten im Mittelalter des Guten zu viel war, denn ursprünglich gab es noch vier weitere Karten im Tarot: vier Tempelritter! Sie wurden entfernt, was befremdet, weil es scheinbar protestlos erfolgte.

Kapitel 3

WELCHER SCHATZ IST IN RENNES-LE-CHÂTEAU EIGENTLICH ZU HEBEN ODER VOM RÄTSEL DES *PFERD GOTTES?*

Wenn man über den sagenhaften Schatz der Templer schreibt und mutmaßt, wo er denn liegen könnte, dann darf man die scheinbar nie endende und äußerst merkwürdige Geschichte von Rennes-le-Château im Departement Aude, am Fuße der Pyrenäen, nicht außer Acht lassen. Darüber ist vor allem in Frankreich in den letzten Jahren sehr viel Tinte vergossen worden, mit zum Teil kühnen und aberwitzigen Spekulationen. In Deutschland wurde die Geschichte um den kleinen Ort und das seltsame Treiben seines Pfarrers Bérenger Saunière in erster Linie durch Autoren wie Henry Lincoln und das Autorenteam Schellenberger und Andrews verbreitet. Letzteres wollte in einem Berghang in der Nähe von Rennes-le-Château, dem Pech Cardou, das Grab Christi entdeckt haben.

Ich werde an dieser Stelle nicht noch einmal alles *aufwärmen*, was bereits an anderer Stelle gesagt und geschrieben worden ist, möchte den Blick jedoch auf neue Details in der Sache und meine eigenen Nachforschungen lenken. In Rennes-le-Château scheiden sich die Geister nämlich an einem wichtigen Punkt: Gibt es einen materiellen Schatz zu heben, also Gold in Hülle und Fülle, Reichtum in Tonnen messbar, oder besteht der Schatz zwar auch aus etwas Materiellem, aber »klingende Münze« ist damit erst in zweiter Linie zu machen? Will sagen: Ist das Geheimnis von Rennes-le-Château nicht eher ein Esoterisches?

Allerdings muss auch erwähnt werden, dass bereits der römische Schriftsteller Pomponius Mela von einem verborgenen Schatz in den Minen der Pyrenäen, südlich von Carcassonne erzählt. (Pomponius Mela stammte aus Südspanien und hat ungefähr um das Jahr 43 nach Chr. sein berühmtes Geografiebuch *De Situ Orbis* geschrieben)

Bemerkenswert ist nun, dass Saunière laut der Autorin Tatjana Kletzky-Pradere seinen Hund *Pomponnet* und seinen

Affen *Mela* genannt hat. Der Priester soll sogar zwei Affen besessen haben, was man bei Gérard de Sède nachlesen kann. Nichtsdestotrotz wird Saunière von einem verborgenen Schatz in seinem Sprengel bereits vor seinem Eintreffen in Rennes, vermutlich sogar durch den antiken Autor Mela, gewusst haben. Die Frage steht allerdings unbeantwortet im Raum, um welchen Schatz genau es sich dabei gehandelt hat.

Schätze, die irgendwo ihrer Plünderung harren, ziehen Glücksritter seit jeher wie magisch an. Die Erde von Rennes-le-Château ist in den letzten Jahren von Schatzsuchern aus aller Welt durchwühlt worden. Ohnehin ziehen sich uralte Gänge und Höhlen durch das rötliche Erdreich der Region, wobei bereits viele unterirdische Stollen eingestürzt sind und übereifrige Schatzsucher sich großer Gefahr aussetzen, wenn sie dort zu graben anfangen. An allen Stellen rings um den Ort ist nach einem Schatz gesucht worden. Ohne Erfolg. Mittlerweile wurden sogar Schilder aufgestellt, die Grabungen auf dem Gebiet des Dorfes strikt untersagen. Das wurde offensichtlich nötig, nachdem Verrückte versucht haben, den im Jahre 1917 verstorbenen Abbé Saunière aus seinem Sarg zu holen, weil sie den Schlüssel zum Geheimnis darin vermuteten. Die Bewohner des kleinen Ortes auf dem Hügel sind genervt, fühlen sich belästigt von all den Fremden, die wie eine Plage über sie kamen, und noch immer ebbt der Strom der Fragenden und Suchenden nicht ab. Pro Jahr dürften es nahezu 20 000 Touristen sein, und die meisten von ihnen treibt tatsächlich die Gier, hier an Ort und Stelle reich zu werden. Dabei ist kaum bekannt, dass es schon vor dem Pfarrer Saunière Hinweise auf einen Schatz in Rennes-le Château gegeben hat. Kein Geringerer als Jules Verne hat darüber geschrieben, und zwar in seinem Roman *Clovis Dardentor*. Darin geht es um eine abenteuerliche Schatzsuche, die auf dem Meer beginnt – der Kapitän des Schiffes heißt im Übrigen genauso wie der höchste Berg im Razès, nämlich Bugarach – und sich über Nordafrika endlich nach Rennes-le-Château fortsetzt, wo der Goldschatz gehoben werden soll. Der Buchtitel ist bereits Programm und verrät geheimes Wissen des Autors. Clovis bezieht sich auf den letzten Merowingerkönig Dagobert, und in Dardentor steckt zumindst das französische Wort für Gold (or).

Auch ich bin davon überzeugt, dass der kleine Ort knapp 40 Kilometer südlich von Carcassonne ein großes Geheimnis birgt, einen Schatz, von dem auch die Templer wussten und dessen wahre Natur ich hier zu bestimmen versuche.

Zugleich ist diese ganze Angelegenheit auch ein bewusst inszeniertes Verwirrspiel. Dichtung und Wahrheit, falsche Fährten und richtige Hinweise liegen hier nahe beieinander.

Das Geheimnis von Rennes-le-Château besteht auch darin, dass es von denen, die wesentlich zu dem hohen Bekanntheitsgrad beigetragen haben, wenige Monate danach als bewusst in die Welt gesetzte Mär, ja als Lüge, abgetan wurde. Das sind vor allem Gérard de Sède und Pierre de Plantard und Philippe de Chérisey. Personen, die in Frankreich nach wie vor berühmt sind.

1996 tauchte Herr Plantard in verschiedenen BBC-Produktionen auf und erklärte, dass es kein Geheimnis in Rennes-le-Château zu lüften gäbe und man deshalb dort auch niemals einen Schatz entdecken könnte. Derselbe Plantard bleibt aber dennoch bei seiner Erklärung, ein Nachfahre von König Dagobert II. zu sein und somit in direkter Blutlinie zu Jesus dem Nazarener zu stehen. Das eine scheint auch zunächst mit dem anderen nichts zu tun zu haben. Wäre da nicht die Tatsache, dass ebenfalls Pierre de Plantard vorher auf die rätselhaften Vorgänge in Rennes-le-Château und den plötzlichen Reichtum eines armen Landpfarrers hingewiesen hatte. Will dieser Mann nun als seriös gelten oder nicht? Wie auch immer, wer sich auf das Mysterium Rennes-le-Château einlässt, stößt auf viele Merkwürdigkeiten und Ungereimtheiten, auf Mord und Totschlag, auf berühmte Leute, die eigentlich gar nicht dahin gehören wie den verstorbenen Staatspräsidenten Mitterand, auf berühmte Autoren wie Jules Verne oder Maurice Leblanc, den Schöpfer des Meisterdetektives Arsène Lupin, und Künstler wie Nicolas Poussin und auf ein nach wie vor ungelöstes Rätsel.

Worum geht es?

Es geht um zwei Dokumente, die der Pfarrer Bérenger Saunière bei der Renovierung seiner Kirche im Jahre 1886 entdeckte. Auf diesen beiden Dokumenten, die das königliche Siegel der Blanche von Kastilien tragen, sind nach einer speziellen Dechiffrierung zwei Hinweise zu finden, die zu irgendetwas führen. Was das ist, bleibt offen.

Verschlüsselte Dokumente

Eine Kopie der Pergamente wurde von Saunière für den Bürgermeister von Rennes-le-Château gemacht. Leider verbrannte das Bürgermeisterhaus im Jahre 1910 mit all seinen Archiven.

Eine andere Kopie soll im Zuge der Übersetzungen in Paris geblieben sein. Diese wurde dem Autor Gérard de Sède im Februar 1964 durch Philippe de Chérisey übergeben, der später dann in einem BBC-Bericht behauptete, das Ganze wäre nur ein großer, von ihm ausgedachter Jux gewesen.

Das erste Pergament (das kleinste) enthielt folgenden Text:

Or donc, un sabbat où il traversait des moissons, ses disciples arrachaient et mangeaient les épis, en les froissant dans leurs mains. Mais quelques Pharisiens dirent: »Pourquoi faites-vous ce qui n'est pas permis le jour du sabbat?« Et, répondant, Jésus leur dit: »Vous ne l'avez donc pas lu, ce que fit David lorsqu'il eut faim, lui et ses compagnons, comment il entra dans la maison de Dieu, prit les pains de proposition, en mangea et en donna à ses compagnons, ces pains qu'il n'est permis de manger qu'aux prêtres seuls?« Et il leur disait: »Le Fils de l'homme est maître du sabbat.«

Es ist dies in französischer Sprache ein Auszug der Geschichte, in welcher Jesus am Sabbat mit seinen Jüngern durchs Kornfeld geht und diese die Ähren abreißen …

Setzt man die Reihe der im Dokument deutlich zu sehenden, versetzten Buchstaben zusammen, so ergibt sich folgender »Satz«: *A Dagobert II roi et à Sion est ce trésor et il est la mort.* (dt: Dagobert II König und Sion gehört dieser Schatz, und er ist der Tod oder auch: Dagobert II, König, und Sion gehört dieser Schatz, und er ist dort, tot).

Indem man die gleiche Technik – sie nennt sich im Übrigen Porta und Vigenere – am zweiten Dokument anwendet, kann man Folgendes lesen: *BERGERE PAS DE TENTATION QUE POUSSIN TENIERS GARDENT LA CLEF PAX681 PAR LA CROIX ET CE CHEVAL DE DIEU J'ACHEVE CE DAEMON DE GARDIEN A MIDI POMMES BLEUES.* (dt: Hirtin keine Versuchung dass Poussin Teniers behalten den Schlüssel Pax 681 durch das Kreuz und dieses Pferd Gottes). Ich beende (od. vernichte) den Wächterdämon am Mittag blaue Äpfel.)

Aha!

Neben diesem simplen Hinweis stößt man im Dokument auf ganz klein geschriebene Zeichen und Buchstaben. Wenn man diese Zeichen wohlwollend als Buchstaben interpretiert und ihnen der Reihe nach im Text folgt, so ergibt sich ein neues geheimnisvolles Wort: *REXMUNDI* also REX MUNDI:

König der Welt, was auch an die Rex Deus erinnert, also jene Familie, in deren Blut seit Generationen das des Nazareners fließen soll.

Ist dies ein neuer Schlüssel zum Verständnis einer neuen Botschaft im Text? Wir wissen es nicht. In der Mitte des Textes findet man den Buchstaben großes A, während all die anderen »a« klein geschrieben sind. Neben dem großen A stößt man auf Omega. So haben wir A ALPHA und Omega, den Anfang und das Ende. Zwischen diesen beiden Zeichen gibt es nach oben versetzte Buchstaben, die das zunächst sinnlos erscheinende Wort *ARETH* ergeben. Nimmt man aber nach oben hin die restlichen sieben versetzten Buchstaben dazu, so erhält man das zweite zunächst sinnlos erscheinende Wort *ADGENES*. Dieses mit dem anderen susammengesetzt ergibt: ADGENESARETH resp. AD GENESARETH: Nach Genesareth, wobei es richtig Genesarethum heißen müsste.

Zugegeben: Der See von Genesareth hat eine große Bedeutung im Neuen Testament.

Wenn man nun nach unten hin die anderen versetzten Buchstaben nimmt, erhält man: PANIS SAL: Das Brot und das Salz. Woraus sich nun ein neuer Schlüssel ergibt oder auch bloß eine weitere Verwirrung, nämlich: Nach Genesareth, das Brot und das Salz.

Ein zweites Aha!

Zum zweiten Dokument: Bei den im Text erwähnten Namen Poussin und Teniers handelt es sich um zwei mittelalterliche Maler.

Die offizielle Theorie sieht nun so aus, dass Pfarrer Saunière die beiden Geheimtexte sinnvoll entschlüsseln konnte und dadurch in Besitz eines Schatzes gekommen ist, denn er gab in 32 Jahren knapp 1 Million DM für die Renovierung der Kirche und den Neubau verschiedener Häuser und Bauwerke aus. Als er 1917 starb, vermachte er seiner Haushälterin und Komplizin Marie Denarnaud ein nicht unbeträchtliches Vermögen. Diese wiederum redete zeitlebens von einem unglaublich großen Schatz, der sich auf dem Gebiet von Rennes-le-Château befände, ohne allerdings Genaueres dazu preiszugeben. Die Gute verstarb 1953.

Wer sich mit Saunière richtig befasst und seinen geheimen Geldquellen nachspürt, der wird schnell dahinter kommen, dass er seinen Reichtum jemand anderem verdankt. Nicht er, sondern ein weiterer Priester ist in dieser Sache der interessantere Part. Es handelt sich um den Pfarrer der Nachbargemeinde Rennes-les-Bains: Abbé Henri Boudet. Es klingt unglaublich, aber Henri Boudet hat seinem Kollegen Saunière 17 Jahre lang eine Summe von insgesamt 4 516 700 Franc (ca. 1,5 Mill. DM) überwiesen, und es kommt noch verrückter, nicht nur ihm, sondern auch gleichzeitig dem Bischof von Carcassonne, Felix Billard, und zwar insgesamt 7 655 250 Franc (ca. 2 600 000 DM). Warum? Und wofür?

Wenn man beide Beträge zusammenrechnet, dann hat der gute Pfarrer von Rennes-les-Bains über einen Zeitraum von fast zwei Jahrzehnten so mir nichts dir nichts mal eben 4 Millionen DM verschenkt. Und Boudet kam nicht etwa aus einer reichen Familie.

Woher hatte er folglich so viel Geld? Fand er den Templerschatz oder den der Merowinger oder den der Katharer, die in dieser Region ihr Stammland hatten? Und warum verteilte er es ausgerechnet an Saunière und den Bischof? Saunière wiederum teilte dem Bischof von Carcassonne nie mit, dass er Geld von Boudet erhielt. Es verhält sich alles wie in einem Mafia-Krimi. Der eine erhält Geld von einem anderen, der wiederum Geld an einen Dritten weiterleitet. Aber der Dritte weiß nicht, dass der Erste auch Geld erhält. Darf man nun vor allem schlussfolgern, dass Boudet und nicht der berühmt gewordene Saunière einen Schatz gefunden hat oder dass Boudet von geheimen Gönnern Geld erhielt, das er weiterleitete. Eine wirklich seltsame und verworrene Geschichte. Hinzu kommt noch, dass ein Jahr vor Saunières Entdeckung der zwei Dokumente im Altar seiner Kirche Boudet ein äußerst seltsames Buch veröffentlichte. Es heißt: »Die wahre keltische Sprache und der Cromlech von Rennes-les-Bains«. Dieses Buch ist auf eine merkwürdige Weise so schwierig zu lesen, dass ich vermute, dass darin eine geheime Botschaft enthalten ist, die nur bestimmten Geistern/Eingeweihten zugänglich sein soll. Vordergründig handelt es von der Überlegenheit der englischen Sprache, von der sich alle anderen europäischen Sprachen ableiten sollen, was schon merkwürdig genug anmutet. Boudet erklärt zudem, dass der Ursprung des Keltischen in seiner Aussprache und nicht im Buchstabieren der einzelnen Wörter liege. Ein Exemplar seines Buches hat er sogar an Queen Victoria geschickt; ein mit Widmung an die englische Königin versehenes Exemplar, das man vor einiger Zeit in der Bodleian Bibliothek an der Oxford-Universität wieder entdeckte.

Boudets zweites Thema sind Felsformationen in der Region, die er fast immer als Menhire deutet. Auch komisch genug. Trotzdem: Boudet ist alles andere als dumm gewesen. Vielmehr ist zu vermuten, dass er auch ein großer Schelm gewesen ist, der seinen Lesern gern Rätsel aufgab.

Aber beginnen wir zunächst an anderer Stelle.

Rennes-le-Château und die Templer

Darüber ist immer wieder viel spekuliert worden. Es ist bekannt, dass der Orden in der Nähe eine Burg besaß und dass sie im Jahre 1156 deutsche Bergleute in die Region holten, um sie mit umfangreichen Grabungsarbeiten zu beauftragen. Gerüchte besagen, dass sie nach Gold gruben, aber 1647 stellte der Bergbauingenieur César d`Arcon fest, dass die Templer unter der Erde einen großen Bunker, eine Art Tresor angelegt hatten. Wenn das ein solides Versteck sein sollte, was um alles in der Welt sollte es aufnehmen? Bekannt ist zudem, dass viele der deutschen Bergleute an einer unheilbaren Krankheit dahinsiechten. Was könnte sie ausgelöst haben? Jedenfalls wurden die Arbeiten nach kurzer Zeit wieder eingestellt, und der Tresor blieb verwaist. Oder doch nicht?

Bei meinen Recherchen bezüglich der Kirche, die Abbé Saunière mit viel Geld renovieren und umbauen ließ, stieß ich erneut auf die Templer. Die Kapelle *La Madeleine* wird 1142 in einem Dokument erwähnt, das die Templer als Besitzer ausweist. Somit ist die Kirche sehr alt, und die vom Abbé gefundenen Dokumente können es demnach auch sein. Wir kennen sogar einen Tempelherrn namentlich. Er heißt Pandard von Rennes-le-Château, ist in Palästina gewesen, heiratete die Haushälterin des örtlichen Pfarrers und zeugte viele Kinder. Ob Pandard in irgendeiner Weise mit dem Schatz etwas zu tun gehabt hat, wissen wir nicht. Was wir jedoch durch ihn erfahren, ist die Tatsache, dass die Templer immer in der Region präsent gewesen sind. Sie ist ihnen sogar sehr wichtig gewesen.

Im Übrigen ändert sich der Name des Dorfes im Laufe der Jahrhunderte einige Male: Die Römer nannten es Rhedae. Später wird man den Ort Rhedea, Rezae oder Reddis nennen. 795 gerät es in den Besitz des Königs von Septimania, der ein jüdisches Königreich auf fränkischem Boden errichtet hatte. Wilhelm von Gellone hieß jener septimanische König, der zuvor Heerführer Karls des Großen gewesen war. Er ließ die Kapelle errichten, nannte sie *La Madeleine,* und man darf mit Sicherheit annehmen, dass sie eine Krypta er-hielt und verschiedene unterirdische Notausgänge, wie das damals üblich war. Von dieser Krypta hat Pfarrer Saunière immer geredet – nur merkwürdigerweise weiß man heute ihren Eingang nicht mehr zu finden. Es ist bezeichnend, dass die Kapelle von Rhedae den Namen der schönen Büße-rin erhielt, deren Kult nur wenige Jahre zuvor im Süden des Landes aufzublühen begonnen hatte.

Zur Kapelle von La Madeleine kam eine weitere hinzu – Sankt Peter, und – es verwundert mich keineswegs – auch eine Kirche wurde errichtet, die Johannes dem Täufer ge-weiht war. Ich habe versucht, Näheres über diese Kirche in Erfahrung zu bringen. Es ist mir nicht gelungen, außer dass sie Stein um Stein von Truppen eines spanischen Herzogs im 14. Jahrhundert abgetragen wurde, weil er in ihr einen Schatz vermutete. Warum gerade in ihr? Auf sehr alten Kar-ten kann man sie eingezeichnet sehen. Sie stand am Rande des Dorfes, fast auf gleicher Linie mit dem Turm von Mag-dala, den Saunière erbauen ließ. Die Kapelle Sankt Peter brannte 1362 nieder. Dort, wo sie einstmals gestanden hat, befindet sich heute das Haus der Familie Captier.

Wir halten fest, dass die Hauptkirche des Dorfes Ren-nes-le-Château einst Johannes dem Täufer geweiht gewesen ist. In Argues und in Couiza, zwei Orte ganz in der Nähe, steht jeweils eine Kirche, die im Mittelalter nach dem Täu-fer benannt wurde, eine davon, nämlich die in Arques, ist heute der Heiligen Anne geweiht und besitzt kurioserweise immer noch eine Reliquie von Johannes dem Täufer. Zwei-fellos sind im Mittelalter viele Kirchen im Süden Frank-reichs sowohl der Magdalena als auch dem Täufer geweiht worden. Ich vermute, dass das vor allem auf Wunsch der Templer geschah, für die beide Heilige ihre von ihnen am meisten verehrten Schutzpatrone gewesen sind.

Zehn Spekulationen um den Schatz von Rennes-le-Château

Unabhängig von den Spekulationen um die wahre Natur des von Sauniére oder Boudet in oder um Rennes-le-Château gefundenen Schatzes muss erwähnt werden, dass es immer schon Vermutungen gegeben hat, hier könnte irgendwo ein wirklich großer und bedeutender Schatz gehoben werden. Den Roman *Clovis Dardentor* von Jules Verne habe ich bereits erwähnt. Daneben gibt es andere. Im Jahre 1832, also zwanzig Jahre vor der Geburt des Abbé, veröffentlichte der Autor Auguste de Labouise-Rochefort sein Buch *Reise nach Rennes-les-Bains*. Darin berichtet er auch von einem versteckten Schatz, der irgendwo in Rennes-le-Château oder dem Château de Blanchefort vergraben läge. Es gab also bereits Jahrzehnte früher Gerüchte, dass in dem betreffenden Gebiet etwas Kostbares zu finden sei. Einige werden schon früher dort gesucht haben, aber vermutlich ohne Erfolg. Was sie allerdings zu finden hofften, bleibt auch bei Auguste de Labouise-Rochefort im Dunkeln. Aber nun zu den wichtigsten Spekulationen, worum es sich handeln könnte …

Spekulation Nr. 1: *Blanchefort – ein Templergroßmeister?*
Das Adelshaus der Blanchefort mit gleichnamiger Burg ist immer eng mit dem Orden der Templer verbunden gewesen. Im Jahr 1156 ließ der Großmeister Bertrand de Blanchefort im Gebiet des Château de Blanchefort eine Art unterirdisches Bauwerk anlegen. Ich habe davon berichtet. Es bleibt bis in die heutige Zeit unklar, aus welchem Grund er diese Arbeiten ausführen ließ. Sollte es als Versteck für die Templerschätze dienen, oder hielt man dort etwas völlig anderes verborgen, das vielleicht zur Gefahr werden konnte, wenn es in die falschen Hände geriet? Leider verhält es sich

nur so, dass Bertrand de Blanchefort nach allem, was man weiß, nicht aus der Gegend von Rennes-le-Château stammte. Dieser sechste Großmeister der Templer hat dort nicht gewirkt. Allerdings ist es richtig, dass die Templer im Tal der Aude zahlreiche Besitzungen hatten. Richtig ist wohl auch, dass sie die Region als geeignet für ein Versteck ihres esoterischen Schatzes ansahen.

Spekulation Nr. 2: *Der Schatz der Westgoten*
Einige vermuten, dass der sagenhafte Reichtum des von Hause aus eher armen Pfarrers Saunières tatsächlich aus einem Schatzfund stammen könnte, weil er zum einen so viel gebaut habe und zum anderen einige seiner Amtsbrüder aus der Umgebung mit antiken Dingen beschenkte, wie etwa einem wertvollen Abendmahlskelch und einer stattlichen Anzahl von Münzen aus dem 7. Jahrhundert. Das ist alles belegbar, aber wir wissen auch, dass nicht er, sondern sein Kollege Abbé Henri Boudet Millionen von Franc an ihn und den Bischof von Carcassonne verteilt hat. Hat er also in Wirklichkeit den Schatz und dann vermutlich den der Westgoten gefunden und nicht Saunière? Die Westgoten plünderten 410 Rom und rissen dabei auch jenen Schatz an sich, den Titus im Jahre 70 nach Chr. von Jerusalem nach Rom brachte. Zudem weiß man aus gesicherten Quellen, dass die Westgoten diesen Schatz südlich von Carcassonne versteckten, wobei sie unter Umständen vorher sogar einen Fluss umleiteten und in seinem ausgetrockneten Bett den Schatz vergruben. Danach leiteten sie das Wasser des Flusses wieder in sein ursprüngliches Bett zurück. So weit die Legende. Hat nun Boudet diesen Schatz der Westgoten oder Teile davon entdeckt? Von kirchlicher Seite wird immer erklärt, Saunière habe Geld für Totenmessen von den Angehörigen genommen, aber die versprochenen Messen niemals gehalten. Mag sein, aber kann man ernsthaft auf diese Weise

Millionen einnehmen, vor allem, wenn man einmal das soziale Umfeld bedenkt, die Region, in der die ganze Sache spielt?

Spekulation Nr. 3: *Der Schatz der Merowinger*
Möglicherweise handelte es sich bei dem entdeckten Schatz um einen Teil des Kronschatzes der Merowinger. Rennes-le-Château hieß einstmals Rhedae und soll die Hauptstadt des Merowingerreiches Austrasien gewesen sein. Mein Schriftstellerkollege Jean Marcale hält das heutige Limoux, etwa 20 km nördlich von Rennes-le-Château für den Ort, an dem die merowingische Hauptstadt einst gestanden hat. Es ist schon gut möglich, dass dort, wo die Merowingerkönige zu Hause waren, auch ihr Kronschatz liegt oder gelegen hat. Ich frage mich bloß immer, ob die damals schon Franc kannten, weil Saunière und Kollegen immer mit Franc bezahlt haben.

Spaß beiseite! Was sie gefunden haben könnten, wäre Schmuck und Gold gewesen, und bei welchem Hehler in ihrer Region hätten sie solche brisanten Stücke gegen Bares eintauschen können, ohne dass es – auch langfristig – bekannt geworden wäre. Aber apropos Merowinger und das Geheimnis von Rennes: Um den Begründer dieses Königsgeschlechtes ranken sich seltsame Geschichten. Merovech soll nämlich von zwei Vätern abstammen. Der Legende nach soll seine Mutter, während sie schon von König Chlodwig geschwängert worden war, beim Schwimmen im Ozean ein Amphibienwesen, einen so genannten *Quinotaur* getroffen haben, das sie verführte und seinen Samen bei ihr hinterließ. Insofern war Merovech göttlicher Abstammung, was diese komische Geschichte andeuten soll. Die Merowinger schnitten sich nie ihr Haar und trugen über den Schulterblättern ein charakteristisches Geburtsmal, ein rotes Kreuz. Die Urahnen der Franken wurden *Volk des Bären* genannt, weil sie die Bären-Göttin Arduina verehrten. Das Wort *Arcadia* könnte sich demnach von *Arkas*, dem Schutzgott des griechischen Arkadiens, herleiten. Arkas ist der Sohn der Nymphe Callisto und diese die Schwester der Artemis. Callistos Sternbild ist auch als Ursa Major oder der Große Bär bekannt. Einer geheimen Überlieferung zufolge sind die Merowinger Nachfahren der Trojaner, denn Homer berichtet, dass Troya einst von Arkadiern gegründet worden war.

Spekulation Nr. 4: *Ein Schatz in 12 Verstecken*
Abbé Boudet, der sein Leben in Rennes-les-Bains verbrachte, vermutete, dass es nicht ein einzelnes Versteck gäbe, sondern 12 verschiedene. Das soll er mehr oder weniger und verschlüsselt in seinem Buch »Die wahre keltische Sprache und der Cromlech von Rennes-le-Bains« beschrieben haben. Die einzelnen Fundorte sollen in der Region von Rennes le Château oder Rennes les Bains verborgen sein. Manche sind noch zu heben …

Kommt mir im Sinne von Publicrelations und Tourismusförderung zu modern vor. Klingt einfach viel zu ausgedacht.

Spekulation Nr. 5: *Ein Dokument, das die Evangelien in Frage stellt.*
Eine einsame Theorie will wissen, dass Jesus nicht am Kreuz gestorben ist, sondern in den Süden Frankreichs ausgewandert ist und den Rest seines Lebens in der Nähe von Rennes-le-Château verbracht hat – zusammen mit seiner Frau Maria Magdalena. Einige Autoren wollen ja auch sein Grab in der Region gefunden haben. Damit Saunière darüber schweigt, habe er Geld von Leuten, die man natürlich nicht kennt, bekommen. Diese Leute können nur kirchliche gewesen sein. In der Tat hat sich der spätere Papst Johannes XXIII. sehr für die Geschehnisse in und um Rennes-le-Châ-

teau interessiert. Ich halte dieser Spekulation entgegen, dass alle Legenden der Region dort immer wieder nur von Maria Magdalena und ihren möglichen Nachkommen erzählen.

Spekulation Nr. 6: *UFOs oder Technologie von einer anderen Welt*
Diese Theorie wurde anhand der vielen unerklärlichen Lichterscheinungen, vor allem am Berg Bugarach, dem Heiligen Berg der Katharer, der auf demselben Breitengrad liegt wie der Montségur, aufgestellt. Bei dieser Vermutung steht kein Schatz im Mittelpunkt des Geheimnisses, sondern etwas Hochtechnologisches. Man denke auch an die Warnung im ersten Dokument, in der davon die Rede ist, dass der Schatz Sion gehört und »der Tod ist.« Radioaktivität? Die Erscheinungen, die man um Rennes-le-Château beobachtet haben will, passen ins bekannte Ufo-Schema: scheibenförmige Objekte, dreieckige und trapezförmige Flugkörper, teils mit Landespuren, orangefarbene, leuchtende Kugeln, Lichterscheinungen … Ich frage mich nur, wie Saunière eine solche Entdeckung zu seiner Zeit in klingende Münze umgesetzt haben will.

Spekulation Nr. 7: *Versteckte Geometrie um Rennes le Château*
Im Jahre 1973 untersuchte Henry Lincoln das Geheimnis von Rennes-le-Château und das zusammen mit Christopher Cornford, einem Professor für Kunstgeschichte, und David Wood, einem kreativen Landvermesser. Cornford untersuchte das berühmte Gemälde von Poussin »Die Hirten von Arkadien« und Wood die Region um Rennes-le-Château. Zu aller Überraschung entdeckte Wood, dass die Lage und Anordnung verschiedener Kirchen in der Region einem Pentagramm glich, und Cornford fand dieselbe Geometrie als geheimes künstlerisches Mittel auch in Poussins berühmtem Gemälde wieder.

Spekulation Nr. 8: *Was ist Poussins Arkadien?*

Die Beschäftigung mit Arkadien ist ein klassisches Thema in der Malerei. Poussin war ein hervorragender Maler, der entweder Szenen aus der Bibel oder heidnische Themen auf seine Leinwand bannte. *Die Hirten von Arkadien* sind ein bemerkenswertes Bild, das den Blick des Betrachter auf die himmlischen Gefilde Arkadiens im alten Griechenland lenkt. Verblüffend ist auch, dass es zwei Grabsteine gibt, die dem auf dem Gemälde erstaunlich ähnlich sehen. Einer stand in Les Pontils – Das Grab von Arques – in der Nähe von Rennes-le-Château und wurde von seinem Besitzer leider zerstört, weil ihm der *Rummel* darum zu groß wurde. Zu diesem Grab ist zu sagen, dass es um 1903 errichtet wurde, demnach konnte Poussin es nicht kennen, aber das Seltsame ist, dass es in der Erinnerung der Menschen der Region an der Stelle immer schon ein ähnliches Grab gegeben hat. Poussin wird aber zweifellos nur dasjenige gemalt haben, was er vor Ort sah. Eine wirklich merkwürdige Sache.

Der zweite Grabstein steht in England im Garten von Shugborough Hall mit einem spiegelverkehrten Relief der *Hirten von Arkadien.* Nicolas Poussin malte sein Bild 1630 in Rom. Er wird zusammen mit dem jüngeren Teniers im zweiten Dokument namentlich erwähnt. Er ist somit ein Schlüssel zum Rätsel.

Spekulation Nr. 9: *Der Stein der Weisen*

Einer weiteren Theorie nach soll Abbé Saunière ein Tor zu einer anderen Dimension entdeckt haben, und zwar in Form der Smaragdtafeln des ägyptischen Gottes Thot. Diese sollen einen so genannten Tesseract darstellen, eine Art Anordnung von Hyperwürfeln als 3-dimensionale Abbildung eines 4-dimensionalen Körpers. Auf diesen Tafeln würden sich nicht nur eindrucksvolle esoterische Texte befinden, die

Thoth selbst niedergeschrieben haben soll. Die Tafeln selbst sollen auch ein Portal zu einer anderen Dimension darstellen. Roland Emmerichs *Stargate* lässt grüßen!

Allerdings gibt es einige rätselhafte, vermutlich alchemistische Zeichen und Symbole an Häusern von Alet-les-Bains, wenige Kilometer nördlich von Rennes-le-Château. Auf ähnliche Symbole stößt man auch in anderen Orten der Region, aber vor allem in Alet-les-Bains. Hier verbrachte Nostradamus einige Jahre seiner Kindheit.

An verschiedenen Hausfassaden liest man seltsame Zeichen, die zum Teil an Runen erinnern. Andere sehen aus wie unvollständige Jahresangaben: 164Z.M. – Z bedeutet die Zahl Drei, also 1643. Dieselbe Zahl ist auch an der Templerkirche von Puyravault in der Vendée, mehr als 800 Km. entfernt von Alet-les-Bains zu lesen. Aber man liest auch die Jahreszahl 1652. Experten deuten die Jahresangaben als Symbole, die den Zahlwert 7 angeben: 16(7)43(7) und auch 16(7)52(7). Die anderen Zeichen verweisen auf alchemistisches Denken, und ihre Häufigkeit an Fassaden alter Häuser legt die Vermutung nahe, dass die Region im Mittelalter eine Hochburg alchemistischer Forschung gewesen ist. Mit welchem Ergebnis? Vielleicht fand man ja hier den Stein der Weisen.

Spekulation Nr. 10. *Saunière hat die Heilige Bundeslade der Juden entdeckt*
Diese Vermutung stellt die belgische Autorin Martha Neijman in ihren Veröffentlichungen auf. Dieser Schatz gehört Sion, also den Juden, folgert sie und deutet Arcadia als Arca Dia als *Arche Gottes*, die den Uneingeweihten den sicheren Tod bringt. Auf dem zweiten Dokument des Abbé steht deutlich die Warnung: Solis Sacerdotibus – nur für die Priester oder die Eingeweihten. Im zweiten Dokument heißt es auf Französisch *A Dagobert*. Die belgische Autorin meint nun

einen gravierenden Fehler bei allen bisherigen Entschlüsselungen entdeckt zu haben. Für sie muss es A Dacobert« heißen – was bedeutet, das das »G« in Wirklichkeit ein »C« ist. Sie schreibt nun die zwei Wörter in Gruppen von jeweils drei Buchstaben untereinander, weil sie auch davon überzeugt ist, dass König Dagobert überhaupt nichts mit dem Schatz zu tun hat. Aus A DACOBERT entsteht so:

A D A
C O B
E R T

Und sie liest: AD ACRE. Die restlichen drei Buchstaben O B T werden von ihr vernachlässigt. Ad Acre ist der Sinn der geheimen Botschaft. Und nun bringt die Autorin Poussin ins Spiel.

Martha Neijman deutet das Bild von Nicolas Poussin auf eine wirklich geniale Weise. Die zwei Hirten zeigen ja mit ihren Fingern auf das Wort *Erca* auf dem steinernen Grab, das irgendwo in Arcadien steht. Dieses Wort liest sich umgekehrt als *Acre*. Das aber ist nichts anderes als die Hafenstadt Akko oder Akkon im Heiligen Land, die 1291 fiel und von wo die Templer die Bundeslade mitgebracht und in oder um Rennes-le-Château versteckt hätten. Vielleicht in dem von ihnen durch deutsche Bergleute erbauten unterirdischen Tresor? Viele von diesen sind wiederum an einer unerklärlichen Krankheit gestorben. Radioaktivität? Schließlich bringt der Schatz von Sion ja den Tod. Martha Neijman will nun herausgefunden haben, dass Abbé Saunière die Lade geborgen und an eine andere Stelle gebracht hat. Für sie ruht die heute irgendwo allen Blicken entzogen und unzugänglich im Turm Magdala, seiner ehemaligen Bibliothek. Erneut deutet sie eine Stelle im berühmten Gemälde von

Poussin, in dem sie unseren Blick auf den Fuß des rechten Hirten lenkt, der auf einem Eckstein ruht. Dieser Stein ist für sie der Schlüssel zum neuen Ort der Lade. Sie steht im Turm und dort unter den Stufen im Erdgeschoss in einem eigens dafür geschaffenen Raum darunter. Was zu beweisen wäre.

Eine rätselhafte Tagebucheintragung des Abbé S.

Ich bin davon überzeugt, dass ich zumindest ein kleines Geheimnis des Pfarrers von Rennes-le-Château lösen kann. In meinem letzten Buch machte ich deutlich, dass Saunière Freimaurer gewesen ist und ein übergroßer Verehrer von Maria Magdalena. Alles in seinem Garten, der Turm, die Villa Bethania, die ständige Wiederkehr der Zahl 22 *atmet* den Geist der schönen Büßerin. Am 22. Juli ist ihr Namenstag. Nach wie vor ist das wahre Geheimnis von Rennes-le-Château für mich eines, das die Magdalena betrifft. Der Abbé hat etwas gefunden, was sie direkt betrifft und das andererseits wieder so unglaublich ist, dass man es nicht öffentlich bekannt machen kann. Dafür wäre es zumindest für Christen zu schockierend.

Ich will mich dem aufregenden Geheimnis des Abbé langsam annähern. Ein Mosaikstückchen bei der Auflösung seiner »Entdeckung« ist das Folgende: In seinem Tagebuch vom 29. September 1891 trägt er die Zeile ein: »Sah den Curé von Névian – bei Gélis – bei Carrière – Sah Cros und Geheimnis.«

Er sah also Cros und Geheimnis. Zusammen mit Cros sah er das Geheimnis. Welches Geheimnis? Zunächst einmal: Cros war der Generalvikar der Diozöse und gleich nach Bischof Billard die höchste kirchliche Autorität der Region. Am 28. September, also einen Tag früher, war er zu einer Reise nach Carcassonne aufgebrochen. Gélis, ein Pfarrer, der 1897 brutal ermordet wurde, wohnte in Coustaussa. Aus diesem Ort stammte auch seine Haushälterin Marie Denarnaud. Cros selbst wird er bei seiner Reise zum Bischof sozusagen auf halber Strecke in Limoux getroffen haben. Und dort, davon bin ich überzeugt, sah er auch zusammen mit dem Generalvikar das Geheimnis, das er an diesem Tag in sein Buch notiert. Nicht er hat es entdeckt, sondern es wird ihm gezeigt, und zwar von Cros, dem Vertrauten des Bischofs Billard. Warum? Gute Frage! Als Dank für etwas anderes? Vermutlich. Denn eines ist klar: Sowohl der Bischof als auch Boudet und dieser Cros waren in alles eingeweiht.

Ich habe lange suchen müssen, um herauszufinden, was Pfarrer Saunière an diesem Tag, dem 29. September 1891, zu sehen bekam und das er als Geheimnis bezeichnete. Nicht einmal seinem Tagebuch vertraute er die Auflösung des Geheimnisses an. Aus diesem Grunde war es auch nicht sein Geheimnis, es gehörte vielmehr einem anderen. Er wurde nur in dieses Geheimnis eingeweiht. Aber was kann das gewesen sein? Geld und Gold? Bestimmt nicht!

Im Norden von Limoux steht die Basilika Notre-Dame de Marceille. Diese Kirche erwähnt auch Henri Boudet in seinem Buch. Seit einigen Jahrzehnten interessieren sich auch die Sinti und Roma Südfrankreichs ebenfalls für diese Kirche und die Region. Vielleicht erinnert sie der Name Marceille an die Stadt Marseille und an die Verehrung der Magdalena. Die Kirche von Limoux wurde auf altem heidnischen Tempelboden errichtet und besitzt eine schwarze Madonna aus dem 11. Jahrhundert. Der Kult der schwarzen Madonna ist bekanntlich eng mit dem der Magdalena verbunden, wie wir von Chartres her wissen, wo es ebenfalls eine schwarze Madonna gab, aber wo wir auch die älteste Darstellung von der Ankunft der Heiligen Magdalena in ihrer Barke im Süden Frankreichs als wunderschön gearbeitetes Fensterbild besitzen.

Was aber ist nun das Geheimnis, das dem Abbé Saunière durch Cros gezeigt wurde? Man hat es erst vor kurzem entdeckt, obwohl es schätzungsweise 1 600 Jahre alt ist. Ein wenig abseits der Kirche Sainte-Marceille befindet sich eine unterirdische Kapelle aus westgotischer Zeit, und diese Kapelle war bis ins 20. Jahrhundert hinein benutzt worden, aber das war ein Geheimnis. Nicht einmal die Priester von Sainte-Marceille sollen etwas davon gewusst haben. Allerdings hat der Bischof von Carcassonne, Felix Billard, jahrelang diesen geheimen Ort als persönlichen Besitz gehabt. Und das nicht, weil er sich für Archäologie interessierte, sondern weil er dort etwas Ungewöhnliches verwahrte …

Durch einen Strohmann, einen Bankier, hat er das Gelände am 17. Januar 1893, also knapp eineinviertel Jahr später, nachdem Saunière es durch Cros gezeigt worden war, gekauft.

Die unterirdische Kapelle besteht aus zwei Räumen, die man durch einen engen, kaum ein Meter hohen Tunnel erreicht – ähnlich wie bei dem von mir wieder entdeckten unterirdischen Tempel der Templer in der Normandie. Hier wie dort ist der Eingang durch Gebüsch verdeckt. Ursprünglich sollen in der unterirdischen Anlage bei Limoux westgotische Krieger beerdigt worden sein, was aber reine Spekulation ist. Vieles in dieser unterirdischen Kapelle erinnert mich an jene in der Normandie. Vor allem eine ganz bestimmte zentrale Stelle an der Wand im zweiten großen Saal. Dort wurde genau wie im unterirdischen Tempel in der Normandie eine rechteckige Vertiefung aus der Wand gehauen, die an ihrer oberen Seite gewölbt ist und wie der Eingang zu einer alten Kirche wirkt. Diese Aushöhlung ist nur so tief, dass man etwas hineinstellen kann: ein Kreuz, ein Bild oder aber ...

Der belgische Templerforscher Jos Bertaulet, der die unterirdische Kapelle von Sainte-Merceille kennt, will den geheimen Code des Buches von Henri Boudet *Die wahre keltische Sprache* ... geknackt und dabei herausgefunden haben, dass die Templer hier eine Reliquie verehrten, genauer den Schädel eines *Heiligen Königs*. Zugleich hat Boudet den unterirdischen Ort mit Legenden um den Heiligen Gral in Verbindung gebracht, was meine These stützt, dass Schädel/Baphomet und Gral wesensgleich sind. Meine nicht unbegründete Vermutung geht nun dahin, dass Cros am 29. September des Jahres 1891 dem Abbé Saunière das bis dahin gut gehütete Geheimnis des Bischofs zeigte: den Schädel des *Heiligen Königs* in der Vertiefung an der Wand. Wer das gewesen sein könnte, müssen wir noch klären.

Ich behaupte nicht, dass damit das Rätsel um Saunière gelöst ist, aber zumindest das um diese eine Tagebucheintragung.

Und was die Reliquie angeht, so erhalten wir eine Vorstellung, um wessen Schädel es sich vielleicht gehandelt haben könnte.

Es ist nämlich ein Dokument von Abbé Emile Hoffet erhalten, der Saunière geholfen hat, die Dokumente zu übersetzen. Er rückte Jahre später mit einem dritten Dokument heraus, das ebenfalls das Siegel der Königin Blanche von Kastilien trug. Man muss allerdings wissen, dass Hoffet eine eher zwielichtige Gestalt gewesen ist, dessen genaue Rolle in der Angelegenheit nie richtig geklärt werden konnte. Nach dem Tode Emile Hoffets wurde seine Bibliothek von der *International League of Antiquarian Booksellers* (Internationale Vereinigung der antiquaren Buchverkäufer) erworben. Am 2. Juli 1966 schickte die *League* einen Brief an Monsieur Fatin, Besitzer des Schlosses von Rennes-le-Château und zudem ein passionierter Archäologe, eine Reproduktion des von Hoffet erwähnten Pergaments. Darin steht an einer Stelle:

»... geschichtlich gesehen das wichtigste Frankreichs, da dieses Schloss 681 Prinz Sigisbert IV., dem Sohn von König Dagobert II, später Sankt Dagobert, und dessen Nachfahren, den Grafen von Rhedae und den Herzögen von Razès, Zuflucht bot ...«

Weiter heißt es: »Dieses Pergament befand sich in einem der drei Holzzylinder, der in einem westgotischen Pfeiler der Kirche der Heiligen Magdalena in Rennes-le-Château entdeckt worden war. Es wurde von Abbé Bigou 1788/89 an diesem Ort versteckt. Davor war das Dokument dem Testament von François-Pierre Baron d'Hautpoul aus Rennes-le-Château beigefügt und wurde eingeschrieben am 23 November 1644 durch Captier, Notar in Espéraza.«[7]

Abbé Bigou war einer der Vorgänger von Saunière gewesen. Das Schloss von Rennes hätte also demnach neun Merowingerprinzen beherbergt: Sigisbert IV genannt der *Plantard* (der feurige Spross) – (715-771), Sigisbert V (695-768), Bera III genannt *Trounko* (715-771) Guillemon genannt *Braou* (???-773) Bera IV genannt »Bolo« (755-836) – Gründer der Abtei von Alet. Bera V (794-860) Hilderich I (???-867) Sigisbert VI genannt *Ursus* (???-884). Sollte das der Fall gewesen sein, kann man sich vorstellen, dass der Schädel des *Heiligen Königs* in der Nische der unterirdischen Kapelle bei Limoux einer der oben erwähnten Merowingerprinzen gewesen ist. Sie gelten allesamt als Nachfahren Jesu des Na-

---

7 Quelle: Martha Neijman, The True Language of Rennes-le-Château, CD-Rom, 2000

zareners, und die Anbetung und Verehrung eines solchen Schädels dürfte sicherlich nur im Geheimen möglich gewesen sein.

Dem Geheimnis auf der Spur oder vom *Pferd Gottes*

»Durch das Kreuz und dieses Pferd Gottes«, so heißt es an einer Stelle im zweiten Dokument des Abbé Saunière nach der Dechiffrierung. Was könnte mit dem *Pferd Gottes* gemeint sein? Eine überraschende und moderne Lösung bietet uns das Autorenteam Schellenberger und Andrews an, die das *Pferd Gottes* als Symbol für die lokale Eisenbahnlinie deuten. Bei den Indianern war das *eiserne Pferd* ja auch ein Synonym für den Westernexpress gewesen. Warum, so fragen sich die beiden Autoren wohl auf der Suche nach dem Grab Jesu, sollte das nicht auch als Auflösung für die betreffende Stelle in den Dokumenten gelten? Weitergebracht hat es sie trotzdem nicht, und so müssen wir uns wohl oder übel nach einer anderen, besseren Deutung umschauen.

Aber bis dahin müssen wir noch einige Schritte zurücklegen. Dabei bringt uns Baphomet auf den richtigen Weg. Es *wimmelt* nämlich von Schädeln in und um Rennes-le-Château. Vom *königlichen Schädel*, der in der unterirdischen Kapelle in Limoux verehrt wurde, habe ich bereits erzählt. Er war ein Geheimnis, das gewahrt wurde, und die Frage ist berechtigt, warum der Bischof von Carcassonne, Felix Billard, dieses Geheimnis überhaupt an Saunière preisgegeben hat. Warum hat er ihn eingeweiht?

Um ihn auf eine bestimmte Fährte zu setzen? Denn erst danach begann Saunière in den späten Abendstunden auf seinem eigenen Pfarrfriedhof zu graben und zu suchen. Wonach? Nach Gold und Geld? Wohl kaum.

Südlich von Rennes-les-Bains gibt es eine Quelle, die der Maria Magdalena geweiht ist. Ursprünglich hieß diese Quelle *Fontaine de la Gode*, wobei das Wort Gode soviel wie *Schale, Kelch* bedeutet. Zweifellos war sie schon in gallischer Zeit einer weiblichen Gottheit gewidmet. Ohnehin war Rennes-les-Bains das religiöse Zentrum der ganzen Region gewesen, vor allem wegen seiner heiligen und heilenden Bäder.

Nicht weit von der Quelle der Magdalena/Quelle des Kelches wurden um 1900 zwei steinerne Köpfe entdeckt: der eine soll einen Männerkopf, der andere einen Frauenkopf darstellen. Nach dem Männerkopf ist eine lokale Bergkuppe benannt: Tête de l'Homme. Beide steinerne Köpfe, die man als Kultobjekte aus der gallisch-römischen Epoche datiert, wurden im Garten der Kirche von Rennes-les-Bains ausgestellt. Dabei ist der Kopf des Mannes Jahre später von einem, wie man sagt, Verrückten, zerstört worden. Um den Frauenkopf vor diesem Schicksal zu bewahren, wird er seit längerem in dem kleinen Ortsmuseum aufbewahrt, wo er auf Nachfragen besichtigt werden kann. Dieser Frauenkopf weist etwas Besonderes auf. Etwas, das man am Schädel von König Dagobert II., der sich im Kloster der Schwarzen Nonnen von Mons befindet, ebenfalls sieht. Es handelt sich dabei um eine auffällige *Wunde* am vorderen Teil des Schädels. Dagobert II. wurde bei Stenay in den Ardennen ermordet, genauer mit einem scharfen Gegenstand – Beil? – erschlagen, heißt es. Bemerkenswert, dass der steinerne Frauenschädel dieselbe Verletzung aufweist wie Dagobert. Und wenn man sich den Schädel auf dem Bild in der Kirche von Rennes-le-Château genauer betrachtet, der zu Füßen Maria Magdalenas neben dem Kreuz mit den Wurzeln liegt, dann hat dieser Totenschädel ebenfalls eine tiefe, längliche Öffnung im vorderen Schädelbereich. Meine Nachforschungen haben ergeben, dass derartige *Verletzungen* ritueller Natur gewesen sind. Sowohl die Merowinger als auch die Germanen kannten solche rituell herbeigeführten Vertiefungen im Schädel, um erstens der Seele des Verstorbenen eine *Öffnung* zu geben und zweitens – und das betrifft vor allem die Merowinger – um einen materiellen Schatz oder etwas sehr Kostbares vor dem Zugriff Unbefugter zu schützen.

Diese gewaltsame Schädelöffnung heißt Trepanation und ist mehr oder weniger auf der ganzen Welt seit der Steinzeit bekannt. In Europa haben es die Kelten weiterentwickelt, wobei die Ägypter dafür berühmt gewesen sind, die besten chirurgischen Instrumente für Trepanationen besessen zu haben. Nicht alle Trepanationen erfolgten, um Krankheiten wie Blutstau im Hirn zu heilen. Einige wurden an im Sterben liegenden Menschen durchgeführt, um ein Loch für ihre Seele zu schaffen, damit sie den Körper besser oder überhaupt verlassen konnte.

Es gibt noch einen weiteren Schädel, der solch eine Öffnung besitzt. Neben Poussin hat auch der italienische Maler Giovanni Francesco Barbieri, besser bekannt als Il Guercino, ein Bild mit dem Titel *Et in Arcadia ego* gemalt. Zufall? Il Guercino lebte von 1591-1666 und war der erste Künstler, der den Satz *Et in Arcadia ego* verwendete. Poussin hat dieses Bild von Guercino gesehen und danach sein eigenes gemalt.

Auf dem Bild von Il Guercino ist kein Grab dargestellt, sondern zwei Männer/Hirten, die einen Totenschädel betrachten. Dieser Totenschädel besitzt ein markantes Loch an genau der Stelle wie die von mir bereits erwähnten. Zudem hat der Maler eine Biene mit ins Bild aufgenommen, wobei man wissen sollte, dass Bienen ein wichtiges Symbol der Königswürde bei den Merowingern gewesen sind.

Wie gesagt: jede Menge Schädel, die mit Rennes-le-Château zu tun haben. Alle Autoren haben sie bisher als ikonografisches Beiwerk angesehen – als typisches Zeichen für Vergänglichkeit. Ich jedoch bin der Meinung, dass es sich völlig anders verhält. Ihre Häufigkeit ist eher als deutlicher Hinweis auf die wahre Natur des Schatzes zu verstehen. Alles, was ich im Vorfeld über die geheime Lehre Jesu und die besondere Bedeutung der Maria Magdalena erwähnte, kommt in Rennes-le-Château zum Tragen.

Die Erde um diesen Ort hat viele Jahrhunderte lang ein großes und erschütterndes Geheimnis getragen. Die Templer, das habe ich dargelegt, pflegten einen ausgeprägten Schädelkult. Das war kein bloßes Wiederaufleben keltischer Vorlieben, sondern hatte einen handfesten Grund, der mit der geheimen Lehre Jesu zu tun hatte. Baphomet und Gral stehen zum einen für die unerschöpfliche Fähigkeit, Leben zu nähren und aufrechtzuerhalten, und sind zum anderen Symbole für die uralten Kräfte der Mutter Erde, sich zyklisch zu erneuern. Der Tod fristet nur ein kurzes Dasein zwischen Leben und Wiedergeburt. Er bildet quasi nur die Mitte eines langen Lebens. Diesen Auferstehungsmythos finden wir auch im Isis- und Osiriskult, dem geistigen Background von Maria Magdalena und Jesus dem Nazarener.

Mit der geheimen Lehre Jesu verbindet sich noch ein magisches Ritual. Ich erinnere erneut an das dunkle Wort eines Templers, der sagte: »Wer den Kopf von Johannes dem Täufer besitzt, der lenkt die Welt«. Wir wissen, dass Orakelköpfe sowohl bei den Griechen als auch bei den Juden Verwendung fanden. Aber nicht nur bei diesen beiden Völkern. Auch die Ägypter kannten das weise Totenhaupt, welches große Macht besitzt und die Zukunft prophezeit. Im *Peredur*, einem Roman, der zum literarischen Stoff um den Heiligen Gral gehört, verhält es sich nicht anders.

Was Ägypten angeht, so fällt unser Blick auf Abydos. Das liegt ca. 153 km nördlich von Luxor. Das bedeutendste Bauwerk in Abydos ist der Totentempel Sethos I., der von seinem Sohn Ramses II. vollendet wurde. Bemerkenswert muss das Osireion, das Scheingrab Sethos I., gewesen sein, denn in seinem Inneren verlief ein aus dem Nil gespeister Wasserkanal, der den Urozean darstellte.

Der Legende nach war in Abydos der Kopf des Osiris begraben, und hier hatte auch die Auferstehung des Gottes stattgefunden. Dieser Kopf des Osiris, den Isis an genau dieser Stelle gefunden hatte, weissagte durch die Priester, wobei weissagende Köpfe ja eine lange Tradition haben. Man sollte jedoch unterscheiden, ob es sich bei dem weissagenden Kopf um den eines auferstandenen Gottes handelt oder nicht. Orpheus war so ein Gott gewesen und ich zögere nicht, auch Johannes den Täufer mit in diese erlauchte Reihe aufzunehmen.

In Abydos legten viele Ägypter ihre eigenen Gräber oder so genannte Kenotaphe (Scheingräber) an oder stellten Erinnerungsstelen auf, um an der Auferstehung teilzunehmen. Dieser »Friedhof« erstreckt sich über fast zwei Kilometer.

Laut Herodot fanden in Abydos alljährlich Mysterienspiele statt, an denen eine große Anzahl von Pilgern teilnahm. Nachgestellt wurde die von mir oben geschilderte Osirislegende. Für mich steht außer Frage, dass sowohl Jesus der Nazarener als auch Maria aus Magdala diese Mysterienspiele besucht haben.

Der Kopf des Johannes ist nicht nur etwas Heiliges, sondern auch etwas Magisches. Der Kopf Christi ist es zweifellos ebenso. Einer Überlieferung zufolge soll nicht Josef von Arimathäa sondern die Magdalena den Gral in den Westen gebracht haben. Was auch logischer ist, wenn wir den Gral als Baphomet-Kopf deuten. Ich bin mir absolut sicher, dass Maria Magdalena entweder den Kopf des Täufers oder auch den ihres verstorbenen Gemahls in den Süden Galliens mitgebracht hat. Das ist nicht wirklich zu belegen, solange ich nicht den materiellen Beweis dafür erbringe. Auf der anderen Seite muss das Geheimnis des Abbé Saunière wirklich so erschütternd sein, dass man ihm durch Boudet Geld geben musste, damit es auch weiterhin im Verborgenen blieb.

In diesem Zusammenhang ist mir ein merkwürdiges Detail im Fresko »Die Bergpredigt« in der Kirche von Rennes-le-Château aufgefallen. Auf diesem Fresko erkennt man vorne einen eigenartigen Lederbeutel oder Rucksack, der in diesem Bild nun wirklich nichts zu suchen hat. Ein bewusster Stilbruch? Oder steckt wieder einmal mehr dahinter?

Saunière war ein eifriger Wanderer gewesen. Wollte er sich auf diese Weise im Bild verewigen? Aber schaut man sich diesen seltsamen Lederbeutel genauer an, dann scheinen durch seine Haut die Umrisse eines menschlichen Schädels erkennbar. Die Teraphim der Juden, diese merkwürdigen Orakelköpfe, wurden ebenfalls in solchen Lederbeuteln verwahrt. Hinzu kommt, dass dieser *Rucksack* gleich neben dem Kreuz liegt, an dem Jesus hängt. Und dazu die Inschrift: »Kommt alle her zu mir, die ihr mühselig und beladen seid«. Ich ergänze: »Ich will euch erquicken!« So und nicht anders reden Baphomet und auch der Heilige Gral. Das und nichts anderes ist der Sinn der *Heiligen Schädel*.

Und was den geheimnisvollen Lederbeutel samt darin verstecktem Inhalt und den Gekreuzigten nahebei angeht: Was für eine bemerkenswerte Zusammenstellung. Sie erinnert mich an eine bestimmte Darstellung außen an der Templerkirche in Montsaunès, wo Maria mit dem Kind auf dem Schoß sitzend diesem einen Totenschädel entgegenhält.

Was hat den Abbé nur umgetrieben? Templergeheimnisse, die unter die Haut gehen.

Mag sein, dass die sterblichen Überreste der Magdalena auch auf seinem Grund und Boden zu finden sind. Sie wären jedoch eher harmlos im Vergleich zum direkten Vis-a-vis mit dem Schädel Christi. Warum verweigerte der Priester, der zum Totenbett Saunières gerufen wurde, diesem die letzte Ölung? Und warum verließ der katholische Geistliche Saunières Haus kreidebleich, als hätte er ein Gespenst gesehen? Was hat ihm der Abbé Saunière mit brüchiger Stimme zugeflüstert?

Der Tempel in Abydos ist für die Anhänger von Isis und Osiris das irdische Abbild der elysischen Gefilde. Hier wollten sie begraben sein. Wer wohnt in Arkadien? Die Götter! Wie wurde der dunkle Bruder von Osiris, der Gott Seth, genannt? Akephalus, der Kopflose, der Enthauptete. Wie heißt es im zweiten Dokument, das Saunière in seinem Altar entdeckte: »durch dieses Pferd Gottes ...« Auf Französisch: Cheval de Dieu!

Wie behauptet es Boudet von der keltischen Sprache: Die Aussprache ist das Wesentliche. Nun denn, ich befolgte zweierlei: Zum einen sah ich die Gegend und alle Felsformationen darin mit den Augen des Abbé Boudet, so wie er es in seinem seltsamen Buch auch macht. Und siehe da, auf dem Weg nach *Quatre Ritous* liegt hoch auf einem Hügel eine Felsformation, die auch für Menschen mit wenig Fantasie den Kopf eines Pferdes darstellte. Bei näherer Betrachtung erkennt man, dass dieser Eindruck durch ein großes Loch, einen Durchgang im Fels selbst entsteht. Dieser Felsblock ist das »Pferd Gottes«, von dem im Dokument die Rede ist. Warum? Weil es sichtbar in den Rahmen des gesamten Rätsels passt, das auch durch das Buch von Boudet eine Erklärung findet. Boudet wusste davon. Ich erinnere auch noch mal an das Geheimnis des Bischofs Billard, bei dem es ebenfalls um einen Kopf ging. Im Dokument werden *das Kreuz* und das *Pferd Gottes* in direkten Zusammenhang gebracht. »Durch dieses Kreuz und das Pferd Gottes vernichte ich ...«

Wer am Kreuz hing, wissen wir. Cheval de Dieu ist ein ausgeklügeltes Wortspiel. Neben Latein und Französisch

– beide Sprachen kommen in den Dokumenten vor – tritt noch Alt-Griechisch hinzu. Aus *Cheval* wird Kefal(us) de Dieu, was übersetzt nicht mehr oder weniger bedeutet als *Haupt Gottes.*

Und ein weiteres Ausspracherätsel à la Boudet: An jedem 17. Januar eines Jahres kommen Neugierige nach Rennes-le-Château und gehen zur Kirche der Heiligen Magdalena, um einem Schauspiel besonderer Art beizuwohnen, das Punkt zwölf Uhr mittags auf der nördlichen Wand im Innern sichtbar wird. Durch den Einfall der Sonnenstrahlen durch ein bestimmtes Fenster wird das Bild eines Apfelbaumes (Baum des Lebens?) auf die Fläche geworfen. Zunächst ist die Projektion schwach, dann aber wird sie kräftiger. Man sieht einen Baum mit roten und bunten Früchten. Drei von ihnen sind allerdings blau. *Mittags blaue Äpfel* heißt es ja auch korrekt im zweiten Dokument des Abbé.

Die Himmelsfarbe Blau ist auch die von Amoun-Osiris. Der Apfel ist in vielen Mythologien ein zentrales Symbol. Die germanische Göttin Iduna hütete Äpfel, deren Genuss ewige Jugend verlieh. In der keltischen Religion stand der Apfel für geheimes Wissen. Und Herakles holte die Äpfel der Hesperiden unter großen Gefahren aus dem fernen Westen. Der Apfel ist die *Eintrittskarte* zu den Elysischen Gefilden, zum Verbleib in Arkadien – für die Seelen der Helden. Für all jene, die den Schrecken des Geheimnisses ertragen können. Von diesem 17. Januar ist nun in Rennes-le-Château immer wieder die Rede. Dieses Datum stellt einen Schlüssel zum Verständnis des Ganzen dar. Sprechen wir es doch einmal auf Französisch aus: Dis sept (Seth) Jean Vié, also frei übersetzt: Gott Seth Johannes (der Täufer) Leben. Den ägyptischen Gott Seth mit Johannes dem Täufer in Verbindung zu bringen ist nicht verkehrt, denn der Täufer trug bei den Gnostikern diesen Beinamen. Seth ist *akephalus,* also der

Kopflose. Vielleicht geht meine Interpretation zu weit, wenn ich behaupte, dass der 17. Januar auf den Kopf Johannes des Täufers verweisen soll, der lebt, wie auch immer wir uns das vorstellen müssen. Und jetzt kommt das Unheimliche: Auf dem Friedhof von Rennes-les-Bains befindet sich das Grab eines Jean Vié, geboren 1808, gestorben am 1. September 1872, letzteres Datum auf dem Grabstein wie folgt dargestellt: MORT LE 1ER7BRE 1872. Erneut die 17

Wenn dies alles kein Spiel für gelangweilte transzendentale Obdachlose am Beginn des 21. Jahrhunderts ist, dann harren wirklich große geistige Schätze all der wahren Sucher in Rennes-le-Château.

Kapitel 4

MEINE GANZ PERSÖNLICHE SUCHE NACH GOLD UND GELD DER TEMPLER

Eines meiner Lieblingsbücher ist immer *Die Schatzinsel* von Robert Louis Stevenson gewesen, häufig verfilmt und bis zum heutigen Tag für Groß und Klein spannend zu lesen. Der Roman hat alles, was ein echtes Abenteuerbuch, in dessen Mittelpunkt die Suche nach einem vergrabenen Piratenschatz steht, haben muss: Finstere Gestalten und gerechte Menschen, obwohl man lange Zeit nicht weiß, auf welcher von beiden Seiten Long John Silver, der Mann mit dem Holzbein, wirklich steht, und einen, wie es scheint, naiven Ich-Erzähler – Jim Hawkins – , der ungewollt und ahnungslos in die Piratengeschichte hineingerät.

Vor allem geht es in der *Schatzinsel* um eine geheimnisvolle Karte, die auf die genaue Fundstelle des vergrabenen Schatzes auf einer kleinen Südsee-Insel hinweist.

Piraten haben ihre Schätze sehr gerne auf solch abgelegenen und menschenleeren Inseln versteckt; so auch der von allen gefürchtete Blackbeard (Schwarzbart), den Stevenson als Vorbild für seinen Long John Silver nahm. Schätze zu suchen liegt offensichtlich in der Natur des Menschen, aber auch genauso gut, sie an sicheren Orten zu verstecken. Piratenkapitäne früherer Zeiten haben ihre erbeuteten Schätze aus dem einzigen Grunde versteckt, um sie zum einen vor ihrer Mannschaft und zum anderen vor dem Zugriff ihrer Feinde, meist den Soldaten des Königs, in Sicherheit zu bringen. Die meisten Piratenkapitäne fertigten überhaupt keine Karten mit dem Versteck an. Sie merkten sich die Lage oft nur in der Erinnerung und nahmen ihr Geheimnis häufig genug mit ins Grab, weil Piraten zu allen Zeiten naturgemäß keine lange Lebenserwartung gehabt haben.

Manche jedoch ließen Schatzkarten anfertigen und entwickelten dabei mitunter sehr viel Fantasie. Es gibt Schatzkarten, die sind leicht zu lesen, wenn man im Vorfeld weiß, wo die betreffende Insel oder Bucht liegt; und es gibt Karten, bei denen man lange nachdenken und geistig kreativ sein muss, um ihre kryptischen Hinweise richtig zu verstehen. Mitunter erkennt man eine Schatzkarte auch gar nicht als solche. Und das könnte bei einem Teil der berühmten Templer-Graffiti von Chinon der Fall sein.

Haben die Mönche mit dem weißen Mantel und dem roten Tatzenkreuz darauf der Nachwelt nun eine Schatzkarte hinterlassen oder nicht? Wäre es überhaupt in ihrem Sinne gewesen, so etwas zu tun? Dass es Gold und Silber zu finden gibt, setzen wir mal voraus – bei dem wenigen Wertvollen, dass man im Nachhinein entdeckt hat. Wenn man einen Schatz irgendwo versteckt, dann gibt es meist zwei tiefere Beweggründe dafür. Zum einen will man diesen Schatz kurz- oder mittelfristig wieder zur Verfügung haben, sagen wir mal, in ein oder zwei Generationen oder kürzer, oder aber man beabsichtigt, sein Hab und Gut, das nicht unerheblich ist, für einen langen und unbestimmten Zeitraum jeglichem Zugriff zu entziehen. Allerdings soll der Schatz auch eines Tages von den Richtigen, wer immer das sein mag, wieder entdeckt und in Besitz genommen werden. Für diesen Fall ist es nötig, eine besondere Schatzkarte anzufertigen, die nur der Eingeweihte lesen kann. Ich setze diesen letzten Punkt bei den Templern im Gefängnis von Chinon voraus.

Nun stelle man sich nur einmal die Situation zwischen 1307 und 1314 vor. Die meisten Templer Frankreichs sind arrestiert; ihre *Spitze* mit dem Großmeister Jacques de Molay ebenfalls. Er erwartet seinen Prozess, der tödlich enden wird. Ob er seine Hinrichtung wirklich erwartet hat, können wir nicht mit Bestimmtheit sagen. Aber die Art und Weise, wie er sich bei den gegen ihn und seinen Orden erhobenen Vorwürfen verhält, lässt vermuten, dass er sterben will. Warum? Darüber habe ich in meinem letzten Buch spekuliert.

Die Zeit des Ordens war abgelaufen. Das Templersiegel darf wortwörtlich genommen werden: zwei Ritter auf einem Pferd – nicht, weil der Orden sich nur eines für zwei

Ritter leisten konnte, sondern weil es eine verborgene zweite Struktur gab: die Prieuré de Sion. Wenn dem so ist, dann könnte man vermuten, dass der Reichtum der Templer auf sie übergegangen ist. Der Geheimbund Prieuré de Sion hat Gold, Geld und Silber der Mönchsritter übernommen. Man weiß, dass Tage vor dem Angriff auf den Orden Karren beladen mit großen Koffern von Paris aus irgendwohin unterwegs waren. Könnten sie nicht zu einem Punkt gefahren sein, an dem Mitglieder der Prieuré diese Koffer samt Inhalt in Empfang genommen haben? Wäre logisch und erschiene auch sinnvoll, weil die Prieuré de Sion sich als geheimes *Mutterhaus* des Templerordens versteht. Sie hatte einst die Gründung des Ordens im Heiligen Land vorgenommen, also steht ihr auch das erwirtschaftete Kapital zur Verfügung, wenn es den Orden nicht mehr gibt. Wenn es sich wirklich so verhält, dann könnte ich hier aufhören, mir über den Fundort des Templerschatzes Gedanken zu machen. Er ist längst Geschichte geworden, ausgegeben, verbraucht, null und nichtig. Aber hat es sich wirklich so abgespielt?

Zumindest gäbe es noch einen zweiten Anwärter auf den Schatz der Mönchsritter. Wir wissen, dass in Portugal der Templerorden, wenn auch mit anderen Zielen und Inhalten, als Christusorden wiederauferstand. Die Seefahrt, die Eroberung der Weltmeere und die Entdeckung neuer Kontinente und Länder standen dabei im Vordergrund: Kolumbus, Vasco da Gama und wie sie alle hießen. Für solche Unternehmungen ist viel Geld notwendig. Könnte nicht zumindest ein Teil des Templergoldes ins portugiesische Tomar geflossen sein?

Und was war mit dem Traum vom eigenen Templerstaat im Süden Frankreichs? Ist nicht auch dafür Geld nötig?

Wir werden das Geheimnis nicht restlos lüften können. Zweifellos gibt es Anwärter auf den Schatz und versteckte Möglichkeiten. Es passierte nur, dass ich mich plötzlich unversehens auf einer heißen Fährte befand. Manchmal muss man genau das Gegenteil von dem tun, was eigentlich logisch wäre. Mag sein, dass die Prieuré de Sion den Schatz geerbt hat und möglicherweise etwas davon an die Brüder in Tomar weitergegeben wurde. Nein, ich lasse es nicht dabei bewenden. Ich habe nämlich in Chinon und in der Provence den Anfang eines Fadens aufgenommen. Wohin er mich führen wird, weiß ich noch nicht. Spinnerei? Mag sein. Aber es ist äußerst aufregend, einen Schatz zu suchen, wenn sich plötzlich Spuren und Fährten ergeben. Und es wird immer aufregender, wenn man nach einiger Zeit feststellt, dass man nicht wahllos in der Gegend herumtappt, sondern sich tatsächlich nach und nach ein ausgeklügelter Plan entwickelt, der vor siebenhundert Jahren erdacht wurde, damit ihn irgendwer eines Tages finden soll. Warum sollte jemand so etwas tun? Aus Langeweile in einem Verlies? Oder um einen Suchenden an ein ganz bestimmtes Ziel zu führen? Und dieser Plan scheint von den Templern erdacht zu sein. Sie haben eine Schatzkarte oder auch zwei hinterlassen. Was es zu entdecken gibt? In jedem Fall einen Schatz, wie auch immer geartet, also etwas Wichtiges. Meine persönliche Suche begann …

Die Graffiti von Chinon – eine Schatzkarte?

Die geheimnisvollen Wandritzungen im Turm von Coudray in Chinon südwestlich von Tours sind sicherlich etwas ganz Besonderes. Hier waren 250 Templer viele Monate lang auf engstem Raum eingekerkert gewesen, darunter auch für ein ganzes Jahr Jacques de Molay sowie andere Würdenträger des Ordens wie beispielsweise Hugues de Pairaud und Geoffrey de Gonneville. Im Turm von Coudray haben sie ihr geistiges Vermächtnis als rätselhafte Wandzeichnungen der

Nachwelt hinterlassen. Wer die Graffiti aufmerksam betrachtet, wird sogar den Namen J. Molay entdecken, über dem ein von einem Hund verfolgter Hirsch, ins blassgelbe Mauerwerk geritzt wurde. Molay ist der Hirsch, und der König von Frankreich, Phillip, ist der Hund mit den fletschenden Zähnen? Vermutlich. Aber was so ungleich wirkt, weil der Hund den Hirsch am Ende stellt und die Jäger bzw. die Soldaten den kapitalen Zwölfender zur Strecke bringen, das hat, um im Bild zu bleiben, auch noch eine tiefere Dimension.

Der Zauberer Merlin wird mitunter auch als weißer Hirsch dargestellt, wie ich es in der Kirche von Tréhorenteuc in der Bretagne – in einem Kirchenfenster – gesehen habe. Der weiße Hirsch aber ist ein Symbol für die Wiedergeburt. Also: Jacques Molay sieht sich selbst keineswegs als schwaches Opferlamm. Ich werde zwar gejagt und vielleicht auch zur Strecke gebracht, aber ich bin unsterblich, denn ich komme wieder, teilt uns das Graffito des Großmeisters mit.

Außerdem erkennt man unter den Wandritzungen, die ich als Graffiti bezeichne, den Grundriss einer Kirche, vielleicht ein strahlendes Herz, Mönchsfiguren, ein Madonnenprofil, Kreuze, die Heilige Lanze (Hinweis auf die Gralslegende?) und einige erschütternde, zum Teil beschädigte Inschriften: *je reguier a Dieu pdon* (Ich bitte Gott um Verzeihung).

Wofür eigentlich? Was hat dieser Templer getan, dass er Gott um Verzeihung bittet? Sarkasmus?

Daneben finden sich auch Zeichen und Symbole mit eindeutig initiatorischem Charakter: dreifache Gürtel, Rechtecke, das Siegel Salomons, das spiralförmige *S* des *Sol invictus* – des mächtigen Gottes des Mithras-Kultes –, Sterne mit acht Strahlen in Quadraten und das so genannte *Strahlende Herz*, besser *ein strahlendes Ei*, von dem Louis Charpentier und Paul Lecour mutmaßen, dass es eine Art von *kosmischer*

Uhr darstellt und einen gnostischen Hintergrund besitzt. Dieses *strahlende Ei* ist eine kleine, bewusst mit einem vielleicht löffelförmigen Gegenstand gefertigte Mulde in der Wand, eiförmig und von *Strahlen* umgeben.

Der in Frankreich sehr renommierte Templerforscher Yvon Roy hat sich sehr lange und ausführlich gerade mit diesem eiförmigen Graffito befasst. Seiner Meinung nach wollten die Templer mit diesem rätselhaften Symbol ausdrücken, was mit dem Orden geschehen ist und was noch kommen wird. Insofern ist es eine Art von Templer-Welfuhr, die sich nur auf die Existenz des Ordens bezieht. Die ersten zehn Strahlen beschreiben die Anfänge der Mönchsritter. Strahl 11 und 12 ihre Entwicklung, die Strahlen 13 bis 17 das Verschwinden des Ordens, Strahl 18 steht für die Französische Revolution, die den König entmachtete, wodurch den Templern im Nachhinein Genugtuung widerfuhr. Die Strahlen 19 und 20 legt Yvon Roy als Wiederauferstehen des Ordens am Ende des zweiten Jahrtausends aus, usw. Keine schlechte Interpretation, die ich zunächst einmal so stehen lasse, obwohl ich mittlerweile völlig anderer Ansicht bin, was die wahre Deutung des *Strahlenden Eis* angeht. Dazu komme ich noch.

Neben dem »Strahlenden Ei« befindet sich auch das Profil eines Mannes ohne Lippen und Nase. Alle Interpreten der Graffiti von Chinon deuten es als Darstellung jenes Mannes, der den Mönchsrittern im Jahre 1127 die Regel schrieb, damit der Papst die Templer überhaupt als Orden anerkennen konnte: Bernhard de Clairvaux. Sein Kopf scheint von einer Aureole, einem Heiligenschein umgeben. Auge und Ohr sind erkennbar, ebenso der Hals und ein Teil des Oberkörpers. Die Frage ist nur, ob es wirklich den Mönch Bernard von Clairvaux darstellen soll oder etwas ganz anderes. Wenn man ein Profil schon so ausgefeilt in den weichen

Graffito von Chinon

Stein meißelt oder ritzt, warum gibt man dem Gesicht dann keine Nase und keine Lippen oder deutet sie zumindest an? Unfähigkeit des »Künstlers« dürfen wir mit Sicherheit ausschließen. Es muss einen handfesten Grund dafür geben, und meine erste Vermutung war, nachdem ich mich lange damit beschäftigt hatte, dass dieses Graffito bewusst *doppelbödig* angelegt worden ist. Ja, es ist Bernhard von Clairvaux oder gar der Heilige Petrus – warum eigentlich nicht? Aber es besitzt auch einen zweiten Sinn, den es zu entdecken gilt, um die geheime Botschaft zu entziffern. Genauso verhält es sich auch mit dem Siegel des Königs Alfonso von Portugal auf der Schenkungsurkunde an die Templer: Zum einen liest man *Por ton Gral* (Für deinen Gral), zum anderen Portugal.

Berachten wir die Graffiti genauer, die links neben dem *Kopf* zu sehen sind, dann erkennen wir folgende Zeichen bzw. Symbole: Ganz links außen, sozusagen das *Gegenstück* zum *Kopf* das Symbol *Sonne und Mond* in eins gesetzt. Daneben ein großes Quadrat und darunter ein kleines. Rechts vom großen Quadrat eine Schwurhand. In der Mitte das *Strahlende Ei*, darunter ein Wappen mit einem Vogel und dann der Kopf, der in seinem Heiligenschein wie in einem antiken Taucherhelm schwebt.

178

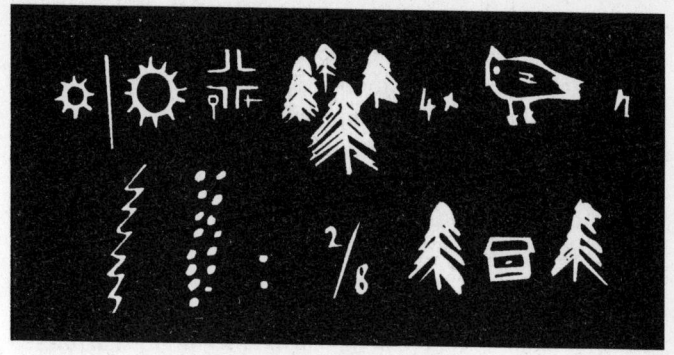

Gaunerzinken aus Graz[8])

Stellt dieses seltsame Ensemble von Steinritzungen nun ein religiöses Vermächtnis dar, wie alle glauben? Oder muss man es eher als Hinweis auf etwas ganz Konkretes deuten, wie bei dem um 1915 in Graz gefundenen Gaunerzinken?

Die *Übersetzung* dieses Gaunerzinkens, die nur der Eingeweihte richtig vornehmen kann, besagt, dass man sich »bei Tagesanbruch (kleine Sonne neben großer Sonne) zur Straßenkreuzung an der Straßenbahnhaltestelle beim Volksgarten (Bäume) begeben soll. Viermaliger Vogelruf. Unterstützung gesucht. Reiche Beute. Achtung (Doppelpunkt) Treffen am 28. In der Bedürfnisanstalt am Volksgarten.

Die verwendeten Bilder sind für alle Europäer eindeutig zu verstehen. Diese Geheimschrift gilt natürlich nur für einen eng begrenzten Raum: Volksgarten und eine darin vorhandene öffentliche Toilette in einer ganz bestimmten Stadt. Trotzdem verfehlt diese Geheimschrift ihre Wirkung nicht. Eingeweihte können sie lesen. Alle anderen werden sie für ein hübsches Bild, eine Spielerei, Kinderkram halten. Und genau diese Wirkung ist beabsichtigt. Es soll möglichst

---

8   Quelle: Rudolf Kippenhahn, *Verschlüsselte Botschaften*, Reinbeck 1997.

harmlos wirken und Nachforschungen falscher Klientel von vornherein ausschließen. Der Schlüssel zum Verständnis einer Geheimschrift wird in der Regel zwischen dem, der sie schreibt, und dem, der sie empfangen soll, vorher vereinbart. Was aber ist, wenn man eine Botschaft an eine wie auch immer geartete Nachwelt schickt und mit dieser vorab keinen Code vereinbaren konnte? Wie sieht eine Botschaft aus, die man auch noch Hunderte von Jahren später verstehen soll? Nimmt man dazu universelle Zeichen, die ihre Gültigkeit niemals verlieren? Aber ganz sicher. Und wie schließt man aus, dass jeder X-beliebige die verschlüsselte Botschaft lesen kann? Indem man das Wesentliche, das man mitteilen möchte, auf drei, vier Punkte konzentriert und vom unbekannten Dechiffrierer erwartet, dass er den *Gordischen Knoten* richtig durchschlägt, indem er das Wesentliche an der geheimen Botschaft erkennt. Alle anderen sollen eher verwirrt oder auf eine falsche Fährte gesetzt werden.

Was wird dem Orden vorgeworfen? Häresie! Also gestalten wir unsere geheime Botschaft so, dass es aussieht, als ginge es um unseren häretischen Glauben. Ein Mönch, ganz links, vielleicht Bernhard, ein strahlendes Herz, vielleicht das von Jesus, ein großes und ein kleines Rechteck, eine Schwurhand, Sonne und Mond, nun ja, eben ein ungewöhnliches Glaubensbekenntnis, vielleicht der Hinweis auf eine Kirche im Untergrund, wo gebetet wird und wo Sonne und Mond, männlich und weiblich vereint gedacht werden. Fertig!

So oder ähnlich wird das berühmte Graffito von Chinon von jeher gedeutet.

Ich hingegen bin davon überzeugt, dass es sich um eine Schatzkarte handelt.

Aber wie ist sie zu lesen?

Wir werden sehen!

Sant Pere de Roda

»Ich sage es euch – drei große Schätze liegen verborgen, einer bei Meiden in Friaul, einer zwischen Schwaben und Bayern. Der dritte befindet sich zwischen Spanien und Frankreich,« schreibt der große Paracelsus, den ich hier nach Manfred Dimde *Die Gralsverschwörung*, S. 65, zitiere.

Recht hat Paracelsus, was die Lage des dritten, großen Schatzes angeht. Und deshalb fange ich auch genau dort an zu suchen ...

Man weiß aus verschiedenen Aufzeichnungen und Dokumenten, dass die Templer gegen das Jahr 1300 planten, für sich selbst im Süden Frankreichs einen unabhängigen Staat zu schaffen. Dieser beabsichtigte Templerstaat sollte flächenmäßig nicht sehr groß ausfallen, um nicht den Argwohn des französischen Königs zu erwecken, aber dennoch eine strategisch günstige Lage bieten. Zypern wäre für ein solches Unternehmen sicherlich auch noch geeignet gewesen, bot sich aber wegen der politischen und sozialen Verhältnisse nach dem Sturz König Heinrichs von Zypern nicht mehr an. Es hätte den Orden von dem dort regierenden Königshaus zu sehr abhängig gemacht. Außerdem war es für die Mönchsritter besonders wichtig, dass sich das Gebiet in einer Region Europas befand, in der die Akzeptanz durch die Bevölkerung für den Orden von Anfang an immer sehr groß gewesen war. Und das war nun einmal vorrangig das Languedoc/Roussillon im Süden Frankreichs.

Für die Wahl der Region kam etwas äußerst Bedeutsames hinzu, gab es doch gerade im Süden Frankreichs ein historisches Vorbild für eine solche Staatsgründung auf dem Boden eines bereits existierenden Staatswesens: Septimanien, ein jüdischer Staat im 8. Jahrhundert unter der besonderen Herrschaft von Wilhelm von Gellone, dem ehemaligen Heerführer Karls des Großen. Eine Zeit lang hatte dieser jüdische Staat immerhin unabhängig existiert und stellte somit für die Templer ein wichtiges Exempel dar, dass die friedliche Neugründung eines Staates auf dem Gebiet eines bereits existierenden durchaus möglich war. Von der Ausdehnung ihres Reiches her wollten die Templer eher bescheiden bleiben. Schlägt man nämlich um Perpignan einen ungefähren Halbkreis, der bis Beziérs im Norden, über Rennes-le-Château im Westen hinausreicht und im Süden in etwa das heutige Estartit in Nordspanien erfasst, dann erhält man ungefähr die angedachte Staatsgröße des Templerreiches. (Manche Forscher behaupten gar, dass die Templer ihr Reich im Süden gern einschließlich Barcelona ausgedehnt hätten, aber ich denke, ein solches Ansinnen hätte der Orden niemals auf politischem Wege verwirklichen können.)

Das von mir beschriebene Gebiet ist in der Tat strategisch nicht schlecht gewählt, denn es liegt zum einen am Meer, mit einigen, nicht unwichtigen Häfen und zum anderen im ohnehin häretischen *Kernland* der Templer, dem Languedoc/Roussillon, darunter das Razès und Teile Kataloniens. In diesem Gebiet hatten sich bereits die Westgoten, jüdische Siedler aus Palästina, Römer und Griechen, die Menschen der Königreiche Septimanien und Aragón, die Katharer und natürlich auch die Templer von jeher sicher und wohl gefühlt.

Wenn man also voraussetzt, dass die Tempelritter bis zuletzt geplant hatten, sich *dort unten*, diesseits und jenseits der Pyrenäen in einem unabhängigen Staat niederzulassen, dann sollte man dort auch vorrangig nach vergrabenen Schätze der Mönchsritter suchen. Rennes-le-Château ist in diesem Gebiet ein solcher vermuteter Schatzort, hinzu kommen die Minen des Corbières, aber es gibt auch noch eine zweite hochinteressante Stelle, vielleicht hundert Kilometer südlich davon …

Die Spur des Schatzes führte mich nämlich nach Nordspanien und ausgerechnet in eine Hochburg des modernen Tourismus: Rosas.

Wenn schon nach einem Val-de-Croix, einem *Tal des Kreuzes* gesucht wird, dann sollte man es ausschließlich hier tun. Seit Jahrhunderten gibt es hier ein Cap bzw. Val de Creus, ein Tal des Kreuzes, und eine grandiose Gebirgslandschaft, die im Mittelalter durch ihre zahlreichen, von Pilgern aufgestellten Kreuze fast in ganz Europa berühmt gewesen ist. Der gesamte Hügel war mit aufgestellten Kreuzen geradezu übersät.

Graffito im Templergefängnis von Domme/Dordogne

Sind die schier endlosen Darstellungen des Kreuzes im Templergefängnis von Domme, die man dort zu Dutzenden als Steinritzungen an den Wänden sehen kann, vielleicht ein Hinweis auf das Kap der Kreuze am östlichen Pyrenäenausläufer? Wollten uns die dort zwischen 1307 und 1314 inhaftierten Templer gar mitteilen, dass das Cap de Creus ihre *himmlische* Region ist, nach der sie sich sehnten, weil sie dort unabhängig von Kirche und König hätten leben können? Eine Vermutung, die sich vor allem darauf stützt, dass die *Graffiti-Kreuze* an ihrem unteren Ende mit Stützen versehen sind, wie sie die Pilger zum Aufstellen in der Landschaft verwendet haben?

Mittelalterliche Pilger suchten immer den Schutz von großen Abteien. Diese boten ihnen gegen Almosen ein Lager für die Nacht, Nahrung und vor allem Sicherheit. Eine solche faszinierende Abtei ist zweifellos San Pedro de Roda oder auch Sant Pere de Roda bzw. Rodes. Die burgähnliche Abtei, seit einigen Jahren restauriert und für Besucher wieder zugänglich, liegt hoch oben auf dem Bergrücken der Verdera, dem letzten Ausläufer der Pyrenäen, der in den Nähe des Cap de Creus, dem Kap der Kreuze, das Meer erreicht. Auf der Suche nach der Geschichte dieses Klosters stieß ich auf ein altes Dokument, das Jerónimo Pujades 1606 in einer großen Eichentruhe in der dortigen Sakristei wieder entdeckte. Darin stand geschrieben, dass die Ursprünge von Sant Pere de Roda auf das Jahr 610 zurückgehen. Damals bedrohte ein Feind aus Babylon die Christenheit in Rom. Papst Bonifatius IV. sah dadurch vor allem die kostbaren Reliquien von Sankt Peter bedroht. Die sterblichen Überbleibsel des Apostels Petrus, auf dessen Grab bekanntlich der nach ihm benannte Petersdom steht, gehörten damals mit zu den bedeutendsten Reliquien der Christenheit.

Es sollte aber nicht alles aus Rom weggeschafft und in den Pyrenäen in Sicherheit gebracht werden, sondern nur der Kopf des ersten Papstes. Diese Aktion ist historisch belegt. Ob der Schädel des ersten Papstes jemals wieder nach Rom verbracht wurde, ist dagegen nicht bekannt. Mit einem Schiff gelangte die bedeutende Reliquie des Apostels in das Gebiet von Roda. Dort fanden die vom Papst ausgeschickten Männer eine Quelle und eine Höhle vor. In dieser versteckten sie der Legende nach den Schädel des Apostels und segelten übers Meer wieder gen Rom. Als sie Monate später nach Roda und dem Berg Verdera zurückkehrten, konnten sie die Höhle und damit auch den Schädel Petri nicht mehr wieder finden, weil ein üppiger Pflanzenteppich alles bedeckt hatte. So wird das Haupt Petri noch heute irgendwo verborgen in einer Höhle unterhalb des Klosters ruhen, was schon symbolträchtig genug ist. Dass eine solche Annahme begründet ist, beweist die Tatsache, dass das Kloster durch ein päpstliches Sendschreiben von Papst Urban II. im Jahre 1090 die im Abendland (mit Ausnahme des Petersdoms) einmalige Erlaubnis erhielt, die völlige Vergebung des Heiligen Kreuzes zu erteilen. Das ist neben Rom nur noch in der Jerusalemer Grabeskirche gestattet. Diese volle Sündenvergebung wurde immerhin bis 1697 in Sant Pere de Roda gewährt.

Wir halten also fest, dass die bis dato offiziell wichtigste Reliquie der Christenheit, der Schädel des Apostels Petrus, sich in einer Höhle in Nordspanien befinden soll, die wiederum auf dem Gebiet liegt, das die Templer für sich selbst besitzen wollten, und zwar unabhängig von König und Papst.

Aber nun zur Gründung des Klosters: In der Hoffnung, dass Gott eines Tages die Lage der Höhle einem gläubigen Menschen offenbaren würde, blieben die Priester aus Rom an Ort und Stelle und gründeten das Kloster Sant Pere de Roda oder Rodes auf dem Fundament des Tempels der Venus Urania, Göttin der Liebe und der Lüfte. Die Ausmaße

Sant Pere de Roda/Rodes

dieses Tempels müssen beachtlich gewesen sein, denn er ist auf der Landkarte des Ptolemäus verzeichnet, und seine mächtigen Grundmauern entdeckte man bei den umfangreichen Renovierungsarbeiten des Klosters in den letzten Jahrzehnten. Das Kloster wuchs im Laufe der Zeit, wurde bekannter, aber trotzdem beim Einfall der Araber im Jahre 711 nicht zerstört. Um 944 wurde die Abtei dann erheblich erweitert. Sie genoss im Mittelalter einen ähnlichen Ruf wie die Wallfahrtsorte Santiago de Compostela und Rom, bis das berühmte Kloster auch im Zuge der Franzosenkriege um 1800 verfiel und von den Mönchen für immer verlassen wurde.

Fast das ganze Mittelalter hindurch stand Sant Pere de Roda in dem Ruf, gewaltige Reichtümer hinter seinen hohen Mauern zu horten. Die Mönche hätten mit Gold und Geld geprasst wie Kaiser und Könige, redete man aufgebracht im gemeinen Volk. Es wurden in der Neuzeit immer wieder Funde gemacht, die bestätigen, dass das Kloster sehr reich an Gold und Geld, aber auch an Kunstschätzen gewesen sein muss. Beim Rundgang über das recht weitläufige und sehenswerte Gelände ist mir zudem ein eindrucksvolles Fresko aufgefallen, das einen roten Löwen zeigt. Symbol für die Stärke des Stammes Juda oder alchemistisches Symbol für den Stein der Weisen? Der Löwe ist mir in vielen Templerhäusern begegnet, mal in Stein gehauen, mal als Fresko, niemals jedoch in der Darstellung des Roten Löwen selbst. Auf ihn an einem Pfeiler im alten Kreuzgang von Sant Pere de Roda zu stoßen – darf man seine unübersehbare Anwesenheit als direkten Hinweis auf ein großes Geheimnis, auf den Schatz, auf pures Gold nach der Umwandlung alles Unreinen selbst deuten?

Ein zweites bemerkenswertes Bauwerk in der Nähe des Klosters ist zweifellos die Burg Sant Salvador de Verdera auf der Kuppe des gleichnamigen Berges (610 m.). Sie wurde zuerst im 10. Jahrhundert erwähnt und diente lange Zeit als Ausguck und Schutz vor den Arabern. Diese Burg gehörte durch eine Schenkung des Grafen Gausfred im Jahre 974 den Mönchen von Sant Pere de Roda und später dem Templerorden, den die Lage (Kontrolle über die Bucht von Roda und das Meer) und die Historie (Schädel des ersten Apostels) sicherlich wie magisch angezogen haben müssen. Es gibt jedoch einen bemerkenswerten Unterschied zu anderen Templerburgen. Es schien im Interesse des Ordens zu liegen, dass nicht zu sehr bekannt wurde, in Sant Pere de Roda präsent zu sein. Warum das so war, können wir erahnen. Zum einen, weil die Burg Verdera in den Albigenserkriegen deutlich auf Seiten der Katharer stand und die Templer ihre Sympathien für die Katharer nicht allzu öffentlich machen

Geheimnisvoller Stein vor der Kirche in Sator

wollten. Zum anderen bot sich Sant Salvador de Verdera (der Heilige Erlöser) auf diese Weise als Ort an, mit dem man nicht in Verbindung gebracht wurde, wenn man eines sicheren Verstecks bedurfte.

Sator und Rotas

Dieses ganze Gebiet im nordöstlichen Zipfel der iberischen Halbinsel ist seit Urzeiten Siedlungsraum für Menschen gewesen. Auf dem Pyrenäenausläufer lassen sich noch heute zahllose Megalithen – Menhire und Dolmen – finden. Alle, angefangen von den Urmenschen, die aus Ostafrika nach Europa einwanderten, über Hannibal bis hin zu den Menschen der Völkerwanderungen sind sie durch diese Region gezogen und haben deutlich ihre Spuren in der Landschaft hinterlassen. An der Kathedrale in Rosas und einigen kleinen, meistens leider verschlossenen Kapellen, haben die Templer wiederum ihre Zeichen und Symbole hinterlassen. Vor der Kapelle in Pau steht hinter einem Metallzaun auf einem Stückchen Wiese ein seltsamer, etwa ein Meter hoher grauer Stein, auf dem eine Hand, die ein Schwert hält, zu sehen ist. Auf einer Karte aus dem 11. Jahrhundert ist südlich von Pau oder Pavo (der Pfau) eine Landzunge eingezeichnet, die *Gradelos* heißt und somit sprachlich auf jenes Wort verweist, das übersetzt *Schale, Schüssel* bedeutet und von dem sich das Wort *Gral* ableiten soll. Und man stößt hier auf zwei Orte, deren Namen man von woanders her kennt: Rotas (heute Rosas) und Sator. Jetzt fehlen nur noch Opera, Tenet und Arepo, dann hätte man das berühmte magische Quadrat zusammen. Sator und die Umkehrung des Begriffs (Rotas) bilden Anfang und Ende des magischen Quadrats.

Es ist immer wieder behauptet worden, so auch im Fall von Rennes-le-Château, das magische Sator-Rotas-Quadrat stelle einen Schlüssel zum Schatz der Templer dar. Ich habe keine Ahnung, wie dieser Schlüssel aussehen könnte, aber es ist irgendwie auch beruhigend, ihn zumindest namentlich dort vorzufinden, wo ich den Ort des Templerschatzes vermute.

Exkurs: Das System der Priester

Das System der Priester ist immer mit der Erwartung verbunden, dass das Licht der Sonne an einem bestimmten Tag des Jahres, zu einer bestimmten Stunde durch eine kleine Öffnung in das dunkle Grab fällt wie im Tumulus von Newgrange in Irland. Es läuft ähnlich ab wie bei einer Sonnenuhr, nur umgekehrt. Nicht der Schatten soll die Erde bzw. die *Uhrscheibe* an einer bestimmten Stelle berühren, sondern das Licht. Damit dieses Licht sich seinen Weg bahnen kann, muss mitunter, wie beim Vulkan Conceptión auf der Isla de Ometepe/Nicaragua im 13. Jahrhundert geschehen, eine V-förmige Vertiefung aus dem Kraterrand herausgeschlagen oder abgetragen werden. Bei aufgehender Sonne wurden die gebündelten Strahlen auf einen kleinen See geworfen, wo sie einen Teil der Feuchtigkeit zum Verdampfen brachten und die entstehenden Dunstschwaden durch felsige Gänge zu jener Stelle im Gewirr des steinernen Labyrinths zogen, wo die *goldenen Schlangen* ein Gebiet bewachten, in dem ein Schatz vergraben lag. Die Sonnenstrahlen wurden also in diesem Fall wie eine *Wärmekanone* eingesetzt, um ein bestimmtes Schauspiel für die Augen der Uneingeweihten zu inszenieren.

Im Fall des irischen Newgrange nördlich von Dublin, das um 3000 vor Christus erbaut worden ist, fällt das Licht zur Wintersonnenwende durch eine rechteckige Öffnung über dem eigentlichen Eingang für genau 17 Minuten in das Innere des Grabmals.

Mit der Zeitdauer des Lichtereignisses haben die Planer der Anlage von Newgrange exakt jenen Wert festgelegt, welcher der Zeit entspricht, die das Licht benötigt, um den Durchmesser der Erdbahn zurückzulegen. Das ist ihr Geheimnis, und sie wollten zukünftige Generationen darauf aufmerksam machen, wozu sie in der Lage waren.

Das System der Priester erfüllt also immer einen Zweck, sei es, um einfache Gemüter zu beeindrucken, sei es, um Informationen über einen langen Zeitraum weiterzugeben.

Ich habe bereits auf das einmal jährlich stattfindende *Lichtereignis* von Rennes-le-Château aufmerksam gemacht, bei dem an jedem 17. Januar um 12 Uhr mittags durch die Sonne drei blaue Äpfel auf die nördliche Kirchenwand projiziert werden. Solche Lichtphänomene waren im Mittelalter in Kirchen und Kathedralen äußerst beliebt. In Meaux bei Paris erhebt sich die zweitälteste gotische Kathedrale aus dem Häusermeer der ansonsten wenig attraktiven Stadt. Einmal im Jahr, genauer im Monat September, *klettert* das Licht der Sonne durch ein bestimmtes Fenster herein, *kriecht* am Boden entlang, um dann an einer bestimmten Säule allmählich aufzusteigen, bis es sein Ziel erreicht hat: die Madonna mit dem Jesuskind. (Isis mit dem Horusknaben) Die Kathedrale in Meaux ist ein richtiges Templerbauwerk, an dem der Orden seine tiefsten Geheimnisse in Stein hinterlassen hat.

Die Idee, mit Hilfe des Lichtes auf einen genauen Ort hinweisen zu können, kam mir in der Kirche von Saint-Nicolas-de-Beaujeu, wo die Sonnenstrahlen durch das Kirchenfenster seltsame blaue Zeichen auf den Fußboden zaubern, so als wollte die Urheberin sagen: Schau genau hin und lies!

Ein weiteres und letztes Beispiel für das, wie ich es nenne, *System der Priester* ist das so genannte *Sonnenzimmer* der Katharer auf dem Montségur. Es ist auf dem schroffen Berggrat so ausgerichtet, dass das Sonnenlicht bei der jährlichen Tag-und-Nacht-Gleiche Mitte März an zwei schmalen, länglichen Fenstern wie eine blutrote Säule ins Innere der Burg fällt.

Folgt man nun der Theologie der Katharer, dann hat ein solcher Raum einzig und allein dazu gedient, ein *Ort der Wandlung* zu sein, an dem also der in der Materie gefangene Mensch erwacht und die wohl tuenden Strahlen des anfänglichen Lichtes empfängt. Jahrhunderte später sprachen die Alchemisten in ihren Texten von einem Ort, den sie als Sammelbecken für die Sonnenstrahlen betrachteten, in dem sich die Metamorphose der Urmaterie in den Stein der Weisen vollzieht.

Mit all den von mir beschriebenen Möglichkeiten, die astronomische, architektonische, mythologische, hermetische Kenntnisse voraussetzen, waren die Templer bestens vertraut. Wenn ich mir, das bedenkend, daraufhin noch einmal ganz genau das Graffito von Chinon anschaue, und zwar das in der einschlägigen französischen Literatur als *strahlendes Herz* bezeichnete oder als *Epochenuhr,* wie von Yvon Roy behauptet, dann komme ich zu einem völlig anderen Ergebnis. Aus welchem Grund sollen die im Turm von Coudray in Chinon inhaftierten Templer, darunter der innerste Kreis, ein Graffito in die Wand ritzen, das einen Kopf, ein Herz und zwei geometrische Figuren zusammen mit Sonne und Mond zeigt? Um uns ihren Glauben zu präsentieren? Frei nach dem Motto: Den ganzen Tag über und die Nacht (Sonne und Mond) freuen wir uns darüber, dass Bernhard von Clairvaux (Kopf eines Mönches) uns die Ordensregel 1127 geschrieben hat. Wir beten das Heilige Herz Jesu an (strahlendes Herz) und halten noch das eine oder andere Rätsel für unsere Nachwelt parat (großes und kleines, in mehrere kleinere unterteilte Quadrate). Das schwören wir! (Schwurhand).

Klingt wenig überzeugend.

Vor allem, wenn man weiß, dass sich unmittelbar über diesem *Triptychon-Graffito* ein weiteres befindet, das ein Kreuz auf zwei Stufen zeigt. Dies gehört zu jenen geheimen Templerzeichen, die Hinweise auf einen wie auch immer gearteten Schatz gaben. Links neben dem *Schatzzeichenkreuz* wurde mit viel Akribie ein aus vielen kleinen Steinen bestehender Hügel mit einem hammerförmigen Kreuz in die Wand geritzt. Aus diesem Bild *erwächst* eine Gestalt, die eine Art Laterne in der Hand hält und den Betrachter zum Suchen auffordert.

Im Übrigen erinnert mich diese *Gestalt mit der Laterne* an die neunte Karte im Rider-Waite-Tarot, den *Eremiten*. Er steht für den alten, weisen Mann, der *weiß*, also für das Geheimnis schlechthin, und sein Zahlwert ist die Neun. Neun Gründungstempler, neun Jahre trägt der Haselstrauch Früchte, dessen Nuss als Symbol für Weisheit steht, wenn wir sie knacken können. Und noch eine Ähnlichkeit zwischen Graffito und Tarotkarte. In der Lampe des Eremiten leuchtet der Stern golden wie das alchemistische Gold. In der Lampe des *Graffito-Eremiten* leuchtet das Templerkreuz und zeigt uns den Weg zum Schatz.

Ich bin so frei, das Graffito von Chinon auf diese banale Weise zu deuten. Es ist eine Aufforderung und eine Schatzkarte. Das *strahlende Herz* sieht nur wie eines aus, aber schon bei genauerer Betrachtung entpuppt es sich eher als *strahlendes Ei*. Wir sehen eine Mulde, eine Vertiefung, um die sich ein Strahlenkranz ausbreitet. Es stellt eine einfache Aussage dar: Was bin ich? Antwort: Ein strahlendes Herz? Nicht schlecht, aber sieht so ein Herz aus? Natürlich nicht. Also, was bin ich? Du liegst ja gar nicht so schlecht mit deiner ersten Vermutung. Ein strahlendes Ding! Etwas, das nicht näher benannt werden kann. Sehr gut! Woran erinnert die Darstellung im weitesten Sinne? An die Sonne, wenn auch im unteren Bereich etwas spitz verlaufend. An die Sonne, meinetwegen. Was siehst du noch, ganz gleich wie du am Tage daraufschaust? Schatten! In der Vertiefung gibt es eine Schattenseite. Also du siehst Licht und Schatten? Ja! Gut, dann lassen wir es damit fürs Erste bewenden.

Von wegen *strahlendes Herz*! Das ist nur der ausgelegte Haken mit dem man das eigentliche Wesen der geheimnisvollen Zeichnung aus den Tiefen hervorholen muss: ein Spiel von Licht, sehr viel Licht und vor allem Schatten. Ein Phänomen, das in den Bereich des von mir mit Beispielen beschriebenen *Systems der Priester* führt. Etwas, das Jahrhunderte überdauern kann, ohne sich zu verschleißen. Wir sollten also eher nach der auf- und untergehenden Sonne an einer ganz bestimmten Stelle – Rosas – Ausschau halten. Sie wirft ihre Strahlen auf genau jenen Punkt in der Landschaft, an dem der Schatz vergraben liegt.

Was ist dran am Weysen-Plan?

Wenn wir uns das, was Alfred Weysen Anfang der 80er Jahre in einer Zeitung im französischen Departement Var veröffentlicht hat, ganz genau anschauen, dann gibt es folgende Hinweise auf die Lage des Templerschatzes – vorausgesetzt sein Plan ist echt. Aber nehmen wir das mal als Arbeitshypothese als gegeben an. Dann haben wir zunächst den Spruch:

1. »Unter dem alten Schloss Val-de-Croix liegt der Schatz der Templer. Der Heilige und die Wahrheit zeigen dir den Weg.«

Angeblich sollen durch weitere Entschlüsselung die Worte:

2. »Licht, Wahrheit, Hostie, Ost, Sonne« zutage gefördert worden sein und sich auch direkt auf die Lage des Schatzes beziehen.

Ein wichtiger Garant für die Echtheit dieses Satzes auf einem Stück Pergament ist Capitaine Marcelin de Marbot, der in den Truppen Napoleons I. kämpfte. Mit ihm will Stanislaw Marcolla, ehemaliger Besitzer der Burg Valcros, verwandt sein.

Es heißt von Marcelin de Marbot, er sei im November 1812 nahe dem russischen Städtchen Studianka verletzt worden. Hat es diesen Marbot wirklich gegeben? Von ihm stammt schließlich die geheimnisvolle Nachricht über den genauen Ort des Templerschatzes. Meine Nachforschungen ergaben, dass ein Jean Baptiste Antoine Marcellin de Marbot am 18. August 1782 in Altillac geboren worden ist. Sein Geburtsort liegt in der Nähe von Amiens in Nordfrankreich. Er begann mit 17 Jahren seine militärische Laufbahn in den italienischen Feldzügen Napoleons und nahm im Laufe seines bewegten Lebens an allen bedeutendsten Feldzügen des großen Korsen teil. Er hat sich dabei auch in den Pyrenäen und in Spanien aufgehalten. Napoleons besondere Gunst erwarb sich Marbot, als er bei Preußisch-Eylau (Baltikum) den Adler eines abgeschnittenen Regiments retten konnte. Ein alter Stich von 1812 zeigt Marcellin de Marbot als einen jungen sympathischen Mann von knapp 30 Jahren.

In seiner Laufbahn als Soldat wurde er dreizehn Mal verletzt. Er bereiste sogar Nordafrika. In späteren Jahren zum General erhoben, gilt ihm noch heute ein hohes Andenken in Frankreich. Jean-Baptiste-Antoine Marcelin de Marbot verfasste um 1840 seine Memoiren. Er selbst starb 1854 in Paris.

Dass er überhaupt ein Interesse für die Templer gehabt haben könnte, ist nicht so ohne weiteres auszuschließen, weil sein Herr und Meister Napoleon selbst ein glühender Verehrer der ehemaligen Schwertbrüder gewesen ist. Als Napoleon in Rom war, suchte er als Erstes die Geheimarchive des Vatikans auf, weil er dort auf nie veröffentlichte Unterlagen des Templerordens zu stoßen hoffte. Leider ohne Erfolg, glaubt man seinen späteren Aussagen.

Die Templer und der Verbleib ihres Schatzes dürfte ein Thema bei den Marschällen Napoleons und seiner Heeresspitze gewesen sein.

Marcellin de Marbot hat also existiert. Falls seine Aussage über den *Heiligen und die Wahrheit*, über das *Château-Val-de-Croix* richtig sind, dann stellen sich zwei wichtige Fragen. Erstens: Warum verrät er anderen den genauen Ort des Schatzes, wenn auch als Rätsel formuliert? Und zweitens: Wann und wo war er überhaupt in der Lage gewesen, solch eine Aussage treffen zu können? In Südfrankreich, in der Provence? Oder wo noch? Warum aber hat er den Schatz nicht selbst behalten oder gar Napoleon geschenkt?

Ich musste noch mehr über diesen Capitaine de Marbot herausfinden.

Und ich wurde unangenehm überrascht.

Capitaine de Marbot, später General Napoleons, hat zwar gelebt und ist zu seiner Zeit ein sehr berühmter Mann gewesen; trotzdem stimmen einige Angaben zu seiner Person in der einschlägigen Templerschatzliteratur nicht mit dem realen Marbot überein. Seine Autobiografie kann jeder in Deutsch oder auf Englisch nachlesen. Die englische Ausgabe ist sogar im Internet als vollständiger Text abrufbar.

Ich habe mir die Mühe gemacht, Marbots eigenen Lebensbericht vollständig von Anfang bis Ende zu lesen. Dabei muss jedem auffallen, dass Capitaine de Marbot zwar verwundet wurde, aber der Autor überhaupt nicht seine

Krankenpflegerin Teresa Warynska aus Wilna erwähnt, seine angeblich spätere Ehefrau. In Wirklichkeit heiratete Marcelin de Marbot die französische Adelige Angelique Desbrières, die ihm einen Sohn schenkte. In seinen umfangreichen Memoiren erwähnt Marcelin de Marbot an keiner Stelle etwas von seinem Aufenthalt bei einer Lehrersfamilie in Wilna, bei der er nach seiner Verwundung unterkam. Allerdings ist er, was private Dinge angeht, ohnehin äußerst verschwiegen. So kommt seine Frau Angelique nur ein einziges Mal in seinen Memoiren vor, nämlich als sie ihm von der Geburt seines Sohnes nach Russland schreibt. Mit keinem Wort erwähnt Marbot den Schatz der Templer, was man aber auch nicht erwarten darf.

Welchen Schluss sollen wir nun aus der Tatsache ziehen? Dass Marcelin de Marbot niemals eine Teresa Warzynska geheiratet hat und auch keinen Sohn namens Adam hatte? Dass alles erstunken und erlogen ist? Dass es einen Hinweis auf den Schatz der Templer im Val-de-Croix nicht gibt? Das wäre nahe liegend. Wer, um alles in der Welt, hat sich die Sache um den Capitaine de Marbot ausgedacht? Und warum ausgerechnet Marbot, dessen Memoiren von vielen nachgelesen werden können? Stellt das Ganze bloß eine Verdummung dar, oder steckt das Rätsel bereits in der Geschichte um Marcelin de Marbot, dessen Person dabei symbolisch für etwas Bestimmtes in puncto Templerschatz steht? Das wäre eine Möglichkeit, falls sich die Geschichte um das Auffinden eines Zettels im Gebetbuch von Marcelin de Marbot, auf dem ein Hinweis auf die Lage des Templerschatzes gegeben wird, nicht doch als völlig aus der Luft gegriffen erweist.

Die Frage bleibt, warum jemand eine Abfolge von Ereignissen (Verwundung von Marbot, Krankenpflege durch eine Polin, Heirat derselben, Sohn Adam gerät in sibirische Gefangenschaft, Rückkehr nach Polen, sein Enkel Stanislaw

Marcolla entdeckt um 1923 Gebetbuch und Zettel) konstruiert, wenn er es mit einer weniger bekannten Person als Marbot weitaus einfacher gehabt hätte. Irgendein französischer Soldat, der unter Napoleon diente und dessen Herkunft heute kaum noch nachzuweisen gewesen wäre. Stattdessen aber Marcelin de Marbot, der in Frankreich nach wie vor bekannt ist und als tapferer General verehrt wird. Worin liegt der Sinn, wenn gerade diesem Mann eine wichtige Botschaft unterschoben wird, wobei man als Forscher sehr schnell herausfindet, dass die genauen Umstände völlig fiktiv sind? Oder wurde Marcelin de Marbot mit Absicht gewählt? Da ich mittlerweile nur zu häufig erfahren musste, dass sich in Sachen Templerschatzsuche Doppelbödigkeit und Hintersinn auftun, sobald man anfängt, geheime Botschaften zu entschlüsseln – siehe Rennes-le-Château –, kann es durchaus möglich sein, dass es sich bei der Wahl des Namens Marcelin de Marbot vielleicht ähnlich verhält.

Also sollte man sich den Namen genauer ansehen.

Marbot erinnert an Marbod, den König der Markomannen, der im Jahre 3 nach Chr. auf heute böhmischem Gebiet Quaden, Semnonen, Hermuduren, Markomannen und Langobarden zu einem großgermanischen Reich vereinte, um sich gegen die Römer effektiver zur Wehr setzen zu können. Das misslang jedoch, und Marbod musste später zu den römischen Feinden fliehen, die ihn 18 Jahre lang in Ravenna internierten, wo der markomannische König im Jahre 37 verstarb.

Zu den germanischen Völkern, die er auf seine Seite hatte ziehen können, gehörten auch die Langobarden, die sich später zum arianischen Christentum bekehrten, ähnlich wie die Westgoten. Die wiederum verweisen auf das Gebiet im Süden Frankreichs, auf die Plünderung Roms im Jahre 410 und auf den Raub des alten jüdischen Schatzes aus der ewigen Stadt, den sie irgendwo in und um Rennes-le-Château vergraben haben.

Marbot – Marbod – Rennes-le-Château – Tempel- bzw. Westgotenschatz. Zu weit hergeholt?

Es gibt noch einen zweiten bedeutenden Marbod in der Geschichte Europas, nämlich Marbod von Rennes, der von 1035 bis 1123 lebte und im Jahre 1086 Bischof von Rennes wurde. Marbod von Rennes hat ein nicht unwichtiges Buch über die positiven wie negativen Kräfte von Edelsteinen und Halbedelsteinen geschrieben, das »Lapidarius«. Dieses Buch hat Hildegard von Bingen angeregt, dieses Thema weiter zu erforschen. Rennes liegt in der Bretagne und hat indirekt mit Rennes-le-Château zu tun, weil beide Städte vom Stamm der Redones, der sich geteilt hatte, gegründet worden waren und von ihm ihren Namen erhalten haben. Interessant ist auch, dass Marcelin de Marbot ein Großteil seines Lebens in Rennes verbracht hat.

Schauen wir uns einmal seinen Vornamen genauer an: Marcelin geht auf Marcellinus, dieser auf Marcellus, dieser auf Markus und der wiederum auf den Kriegsgott Mars zurück. Der 29. und der 30. Papst hießen Marcellinus bzw. Marcellus. Beide lebten um das Jahr 300 herum. Es existieren aber auch noch zwei Heilige, die zusammen erwähnt werden, weil sie gleichzeitig im Jahre 299 den Märtyrertod starben: Marcellinus und Petrus. Marcellus war Priester und der andere Exorzist. Beide wurden sie enthauptet und ihre sterblichen Überreste im 9. Jahrhundert nach Seligenstadt am Main gebracht. Der Kopf des Petrus, des ersten Papstes, ging in Sant Pere de Roda verloren. Darf man nun eine Verbindung zwischen Marcellinus und Petrus und ihrer Enthauptung und den Ereignissen in den Pyrenäen ziehen? Wie gesagt, wenn die Geschichte um Marcelin de Marbot nicht von vornherein eine Lügen-Story ist, dann verweist eine nähere »Durchleuchtung« des Namens auf genau jene Region, die die Templer für sich als möglichen Staat reklamiert hatten. Sowohl Marbod, der Markomanne, der uns geschichtlich zu den Langobarden und Westgoten führt, als auch Marbod von Rennes, der uns auf Rennes-le-Château verweist, wie auch Marcelin de Marbot selbst, für den Rennes eine wichtige Station im Laufe seines Lebens gewesen ist. Dass Marcelin über Marcellus und Petrus auch noch ein Hinweis auf die Abtei in Nordspanien sein könnte, wo ich den Schatz der Templer vermute, macht die Angelegenheit noch merkwürdiger.

Nur der Vollständigkeit halber sei erwähnt, dass es noch einen dritten Papst, Marcellus II., gegeben hat, der 1555 gewählt wurde und nur 21 Tage lang sein Amt ausführen konnte. Er starb plötzlich und unerwartet, ganz ähnlich wie Papst Johannes Paul I., der nur 33 Tage lang die Geschicke des Vatikans lenken durfte. Marcellus II. hieß mit bürgerlichem Namen Marcello Cervini und galt als hochgebildet, weise, gütig und war ähnlich beliebt wie Johannes Paul I. Als Kardinal Marcello Cervini hatte der spätere Papst die Bibliothek und die Archive des Vatikans geleitet – ein Ort, der Napoleon zweieinhalb Jahrhunderte später wegen dort vermuteter Dokumente über den Schatz der Templer interessierte. Marcellus II. wurde vermutlich ermordet, und sein Nachfolger Paul IV. gilt bis heute als der grausamste Papst aller Zeiten. Nicht zuletzt deshalb, weil er die Inquisition verherrlichte.

Oder es verhält sich alles doch ganz einfach und ohne Hintersinn. Aus der Autobiografie Marbots erfahren wir nämlich auch von seinem Vater, der es bis zum Brigadegeneral gebracht hatte und der an den Feldzügen in Nordspanien und in den Pyrenäen teilgenommen hat. Ich weiß sogar, dass Napoleon persönlich bis nach Rosas gekommen ist, denn ein Bekannter von mir besitzt noch heute auf seinem eigenen Gelände ein Haus, in dem Napoleon genächtigt hat. Eine kleine Kapelle, über deren Tür das Templerkreuz eingemeißelt ist, gehört mit dazu. Napoleon selbst war nicht nur an den Templern interessiert, sondern auch an den Merowingern. Warum sonst wohl hat er in seinen Krönungsmantel die Biene als Symbol einweben lassen?

Seine Truppen haben das Kloster Sant Pere de Roda geplündert und wohl nach etwas sehr Wertvollem gesucht, das irgendwo im Berg verborgen sein sollte. Es gibt in diesem Gebiet zahllose Überlieferungen dieser Art. Eine erzählt von einem jungen Mädchen, dass durch Zufall einen schmalen, sehr tief in eine Höhle führenden Weg unterhalb der Burg Verdera fand, und als es nach langer Zeit von dort wieder herauskam, war aus dem Mädchen eine alte Frau geworden. Sie beschrieb, dass die Halle voll von Gold und Edelsteinen gewesen wäre. Als man aber nachschauen ging, war der Eingang der Höhle verschwunden. Wie auch immer: Es kann sich durchaus auch so verhalten, dass der Vater von Marcelin de Marbot die seltsame Nachricht über den Verbleib des Templerschatzes verfasst hat, nachdem er um 1795 in Sant Pere de Roda gewesen ist.

Soweit das merkwürdige und zugleich aufschlussreiche *Drumherum* um Namen und Person des Marcelin de Marbot, der sicherlich nicht aus eigener Anschauung gewusst hat, wo der Schatz der Templer zu suchen ist.

Was aber machen wir mit der überlieferten Aussage: »Unter dem alten Schloss Val-de-Croix liegt der Schatz der Templer …«?

Ist er nun Makulatur? Oder finden wir das im Text als Fundort angegebene Val-de-Croix als Tal des Kreuzes bzw. der Kreuze tatsächlich in Nordspanien wieder?

Die genaue Lage des Templerschatzes

Ich weiß nur zu gut, dass ich mich auf dünnem Eis bewege. Bei meiner Suche nach dem verlorenen Gold der Templer bin ich mir immer der Gefahr bewusst gewesen, mich vollkommen zu irren und somit in etwas zu verrennen, das es gar nicht gibt. Ich habe die verschiedenen Orte vorgestellt, an denen fieberhaft und ergebnislos nach dem Templerschatz gesucht worden ist. Rennes-le-Château ist der bislang *heißeste* Versuch, die Wahrheit zu entdecken. Der Schatz der Westgoten und damit der aus dem Tempel in Jerusalem harrt dort vermutlich seiner Entdeckung. Ebenso brisante und höchst wertvolle Reliquien der Christenheit: Maria Magdalena, der Kopf des Täufers und vermutlich auch der des Nazareners.

Während ich an diesem Buch schreibe, erfahre ich von Freunden aus Rennes-le-Château, dass Wärmebildkameras eine unterirdische Krypta unter der Kirche aufgespürt haben. Eine in die Erde herabgelassene Sonde zeigt zwei Skelette und einen Sarkophag. Man will im August 2001 mit Ausgrabungsarbeiten beginnen. Der Vatikan, so höre ich, ist ebenfalls an den Vorgängen sehr interessiert. Kann ich verstehen.

Aber wo liegt der materielle Schatz verborgen? Das Gold der Mönchsritter? Ich kann nur Indizien zusammentragen, und diese ergeben ein ganz bestimmtes Bild. Zunächst einmal war die Region im Süden Frankreichs und weit nach Katalonien hinein diejenige gewesen, die von den Templern am meisten geschätzt wurde. Hier fühlten sie sich von der Bevölkerung verstanden und angenommen; hier lebte die Häresie weiter, auch wenn die Kirche blutige Feldzüge gegen sie unternahm. Auf diesem Boden wollten sie ihren eigenen Staat gründen. Es kam anders, wie wir wissen, woran wahrscheinlich Jacques de Molay nicht ganz unschuldig gewesen ist. Er hat häufig genug viel zu lange gezaudert und nur selten die richtigen Entscheidungen getroffen, wenn es von ihm erwartet wurde. Als Papst und König bereits gegen ihn waren, träumte der Großmeister noch lange Zeit von einem Feldzug gegen Ägypten, anstatt alle ihm verbliebenen Kräfte auf den Schutz des Ordens zu konzentrieren. Die richtige Strategie und Intuition Jahre zuvor hätten ihn vermutlich einen gewaltigen Schritt auf dem Weg zum eigenen Templerstaat näher gebracht, ihn vielleicht sogar realisiert. Aber Jacques de Molay benahm sich viel zu oft aufbrausend und arrogant den kirchlichen und weltlichen Herrschern gegenüber. Damit setzt man keine eigenen Wünsche durch. Schon gar nicht, wenn sie viel Fingerspitzengefühl und Geduld erfordern.

Nichtsdestotrotz haben die Templer das Terrain in den letzten Jahren ihres Bestehens vorbereitet. Collioure, ihr bedeutendster Hafen am Fuße der Pyrenäen, wo noch heute ihre mächtige Burg zu sehen ist, wurde ausgebaut und diente ihnen als wichtigster Mittelmeerhafen. Hier lag ihre Flotte vor Anker. Ihr Haus in Mas Deu ist noch heute Anlass für mancherlei Spekulationen, weil es sich von anderen im Lande so sehr unterscheidet. Es schien ein geistiges Zentrum zu sein, in dem die Templer ihre Elite ausbildeten. Der letzte Kommandant von Mas Deu hieß Raymond Saguardia, ein Katalane, der das Ordenshaus mit sicherer Hand leitete. Historiker haben sich von jeher darüber gewundert, wie hoch die Fluktuation in Mas Deu gewesen ist. Es herrschte ein ständiges Kommen und Gehen der Ordensritter bzw. Fratres, was ein sicheres Zeichen dafür ist, dass Mas Deu ein geistiges Ausbildungszentrum gewesen sein muss. Weitere Kommanderien gab es in Perpignan, Palau, Argelès oder Mas de la Garrigue, daneben zahlreiche Zweitkommanderien. Zweifellos wollten die Templer in dieser Region ihre Präsenz sicherstellen.

Von Collioure aus war es etwa eine halbe Tagesreise zum Kap der Kreuze oder nach Roda. Nach wie vor geht im Volksmund der Menschen, die zwischen Collioure und Roda leben, die Sage von einem unterirdischen Schatz. Er wird von schrecklichen Wesen bewacht, und alle, die in der Vergangenheit danach suchten, sind nie mehr zurückgekehrt. Diese Sage tauchte zum ersten Mal Mitte des 14. Jahrhunderts auf. Zufall?

Wenn man einen großen Schatz in Sicherheit bringen will, dann genügen dazu keine von Ochsen gezogenen Karren. Große Schätze, die über Land transportiert wurden, waren immer in Gefahr – vor allem im Mittelalter. Wenn davon die Rede ist, dass man Karren beladen mit großen Koffern am Vorabend des 13. Oktober 1307 gesehen haben will, wie diese den Temple in Paris und die Stadt selbst mit unbekanntem Ziel verlassen haben sollen, dann muss dazu gesagt werden, dass ganz sicherlich auch schon Tage oder Wochen vorher ähnliche Gefährte Templerkomtureien im ganzen Land verlassen haben. Wenn dem Orden vorab bekannt gewesen war, dass der König von Frankreich gegen ihn zu einem Schlag ausholen wollte, wird er sicherlich nicht bis zum letzten Tag damit gewartet haben, in Sicherheit zu bringen, was ihm lieb und teuer gewesen ist. Viele Karren werden den Reichtum des Templerordens über Wochen und so schnell wie möglich weggebracht haben. Wohin? Es boten sich Häfen wie La Rochelle an der Atlantikküste an oder Le Havre im Norden. Weiter heißt es, dass die Flotte auslief und auf Nimmerwiedersehen verschwand. Meine Vermutung ist, dass sie sich trennte. Ein Teil segelte nach Schottland und der andere nach Collioure oder direkt zum Kap der Kreuze. Hier wurde der Schatz vor dem Zugriff des französischen Königs in Sicherheit gebracht. Danach segelten die Templer weiter nach Portugal, wo später der Orden der Christusritter gegründet wurde.

Der Schatz selbst wurde – von höchster Stelle angeordnet – in jene Region Europas mit Schiffen verbracht, wo es vielleicht in naher oder ferner Zukunft mit einem eigenen Staat weitergehen konnte. Das Gebiet um das Kloster von Sant Pere de Roda in den Pyrenäen bot dazu ausreichend Schutz. Hier musste eine Stelle gefunden werden, die man auch notfalls noch nach Jahrhunderten wieder finden konnte: im Schatten des ehrwürdigen Klosters, das noch heute an die Gralsburg (Parzival ist erstaunt, dass in der Burg mit vier Türmen ausschließlich Mönche leben) erinnert, unterhalb der Burg des Heiligen aller Heiligen – San Salvator – und der Verdera oder Wahrheit, wobei Wahrheit im spanischen ja bekanntlich Verdad heißt. (Eine bewusste Täuschung oder ein nur halb richtig verstandenes Wort?).

Der Heilige und die Wahrheit werden dich zum Schatz der Templer führen, heißt es im Text, den ein angeblicher Nachfahre Marcelin de Marbots im Textbuch des Generals gefunden haben will. Sind San Salvator, die Verdera und das Val de Creus am östlichen Pyrenäenausläufer genau diese bezeichneten Orte? Wir werden sehen.

Eine in Stein geritzte Landkarte

Von Anfang an galt bei mir und den Freunden, die mit mir in dieser Angelegenheit zusammen unterwegs waren, die Prämisse, dass wir nach dem Schatz der Templer ausschließlich auf dem vom Orden für sich als Staatsgebiet projektierten Terrain im Süden Frankreichs zu suchen hätten. Die Gründe dafür habe ich dargelegt. Die Frage war nur, wo genau wir forschen müssten. Rennes-le-Château birgt vorrangig den esoterischen Schatz. Wohin also hatte der Orden den materiellen geschafft?

Für mich kam aus rein logistischen Gründen nur ein Ort in der Nähe der Küste in Frage. Collioure wäre solch ein Ziel gewesen, aber die alte, trutzige Templerburg über dem Hafen war schon vor Jahrhunderten ohne Ergebnis nach Gold und Edelsteinen durchforscht worden. Also hatten wir nach einer Stelle im Pyrenaenausläufer zu suchen. Das war kein leichtes Unterfangen, denn das ganze Gebiet ist zerklüftet, stellenweise unzugänglich, von Tälern und Einschnitten durchzogen. Es wäre die sprichwörtliche Suche nach der Nadel im Heuhaufen geworden – vermutlich vollkommen aussichtslos, weil sich diese zum Teil unwirtliche Gebirgsregion für ein sicheres, also unauffindbares Versteck anbietet wie keine zweite. Höhlen gibt es hier ebenfalls in grosser Anzahl. So konnten wir zufällig nach dem verheerenden Feuer im Jahre 2000 eine Höhle unterhalb des Klosters Sant Pere de Roda entdecken, weil der Brand jegliches Gebüsch vernichtet hatte. In einer ähnlichen hatten 1400 Jahre früher die frommen Männer aus Rom den Schädel des Petrus versteckt. Wie schnell die Vegetation eine solche Höhle den Blicken wieder entziehen kann, zeigte sich schon knapp ein halbes Jahr später. Hätten wir für uns keine sichtbare Markierung in unmittelbarer Nähe der Höhle angebracht, dann wäre unsere Entdeckung im terrassenförmigen Gelände wahrscheinlich nicht mehr wieder zu finden gewesen. Die Höhle selbst war nicht sehr groß, schien aber vor langer Zeit jemandem als Unterschlupf gedient zu haben.

In einem solchen Gelände nach einem Schatz zu suchen, der zudem noch bewusst mit allerlei Tricks und Hilfsmitteln versteckt wurde, ist schlichtweg unmöglich. Es war daher dringend erforderlich, die in Frage kommende Region enger zu begrenzen.

Der erste Schritt dazu war die gegen alle bisherigen Interpretationen vorgenommene Deutung des berühmten Graffito von Chinon. Je länger ich über den Sinn der Darstellung grübelte, desto mehr erschien er mir doppelbödig. Diese Mischung aus grafischen und bildhaften Elementen war mir einfach zu ungewöhnlich. Ich glaube sagen zu können, dass ich alle Templergraffiti in Frankreich im Laufe der Jahre zu Gesicht bekommen habe, aber keines von ihnen gleicht in seiner Darstellung demjenigen von Chinon. Selbst wer wie Yvon Roy und andere Forscher den Versuch unternimmt das scheinbar *strahlende Herz*, die zwei Quadrate, den angeblichen *Mönchskopf im Taucherhelm* als esoterisches Glaubensbekenntnis der Mönchssoldaten auszulegen – weil ja allein dieses Bekenntnis den inhaftierten Templern auf den Nägeln gebrannt haben muss –, kann über den Inhalt der Botschaft nur rätseln. Ich schließe mal aus, dass es die Arbeit eines gelangweilten Gefangenen gewesen ist, der irgendetwas in den Stein ritzte, um sich abzulenken. Dafür ist die verschlüsselte Botschaft viel zu intensiv. Es steckt eindeutig Absicht dahinter; eine Aufgabe für die Hinterbliebenen, die gelöst werden soll.

Zunächst fertigte ich nach unzähligen Fotos, die ich im Eingangsbereich des Turmes von Coudray in Chinon schoss, eine Zeichnung an. Dabei fiel mir auf, dass der *Kopf* auch eine Insel mit Erhebungen sein könnte, die in einem Meer *schwimmt*. Ihr vorgelagert kann man eine weitere, sichelförmige Insel sehen. Umgeben wird dieser *Kopf* von einem Heiligenschein oder Helm – ein Außerirdischer? – bzw. die *Insel* von einer fast kreisförmigen Begrenzung. *Außerirdischer*, *Mönch* oder *Insel*? Ich entschied mich für die *Insel*.

Aber was sollte das für eine Insel sein? Wo hatte ich sie zu suchen? Im Mittelmeer? Kamen dafür Mallorca, Menorca, Ibiza oder Formentera in Frage, die ja meinem *Suchterrain* im Süden Frankreichs am nächsten lagen? Hilfe und Erleuchtung erhielt ich allerdings unerwartet, als ich in Rosas auf eine alte Landkarte aus dem 11. Jahrhundert stieß. Sie zeigt den gesamten Küstenverlauf genau jener Region, die mich am meisten interessierte. Und etwas sprang mir sofort

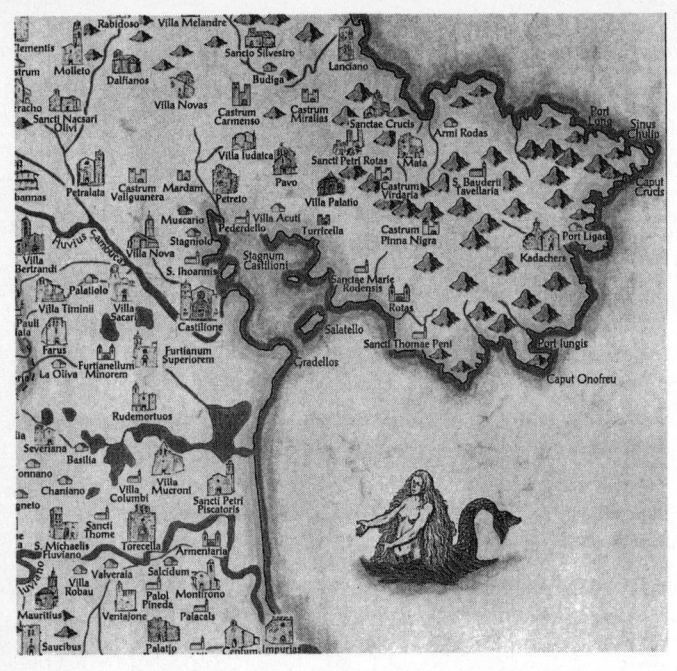

Alte Karte von der ehemaligen Bucht von Rotas (Ausschnitt)

ins Auge. Dort, wo heute der Touristenort Empuriabrava liegt, duchzogen von zahlreichen Kanälen, erstreckte sich im Mittelalter eine große Bucht mit verschiedenen Inseln. Es sind genau drei an der Zahl, und sie werden auch in einer Schenkungsurkunde des Grafen Gausfred aus dem Jahre 945 erwähnt, als er die drei Inseln im See von Castello d'Empurias dem Bistum nebst Fischereirechten übereignete.

Die Lage dieser drei Inseln auf der alten Karte versetzte mich in helle Aufregung. Sie entsprach genau jener von *Auge* und *Ohr* im angeblichen Kopf des Mönchs, wobei das sichelförmige Etwas unterhalb des *Kopfes* – der Halsansatz – exakt der Lage der Insel Salatello entspricht. Der scheinba-

208

re *Mönch* besitzt keine Nase, was an sich schon merkwürdig ist, aber bisher niemanden gestört hat. Statt einer Nase hat der Kopf eine »Einbuchtung«, die man als Mund durchgehen lassen könnte. Zugleich aber entspricht diese *Einbuchtung* wiederum exakt der Landzunge östlich von Castilione. Der sich anschließende *Halsansatz* ist nicht der im üblichen Sinne, sondern deutet vielmehr den Golf von Rosas an. Meine Frage lautete: Zeigt das Graffito tatsächlich einen Mönchskopf oder in Wahrheit die heute nicht mehr vorhandene Bucht von Empuriabrava? Und falls ja, lag dann der Schatz der Templer so gut wie unerreichbar unter diesem modernen Tourismusort?

Graffito und alte Bucht zur Deckung gebracht

209

Mein Jagdfieber verstärkte sich. Das angeblich *strahlende Herz* neben dem *Kopf* hatte ich ja bereits als Hinweis auf ein natürliches Lichtphänomen – die Sonne – im Rahmen des *Systems der Priester* gedeutet. Wenn das Graffito von Chinon eine Schatzkarte darstellte, dann las ich den rechten Teil nunmehr als konkreten Hinweis auf die Bucht von Empuriabrava, wobei die genaue Fundstelle durch ein bestimmtes Lichtphänomen kenntlich gemacht wurde. Aber im Grunde war das Ergebnis auch eine Enttäuschung, weil meine Suche an dieser Stelle beendet schien, denn die Bucht, in der die Templer ihren Schatz vor Jahrhunderten versenkt hatten, gab es nicht mehr.

Was war also zu tun? Aufgeben und abreisen, oder noch einmal gründlich über alles nachdenken? Was hatte ich in der Hand?

Ich ging noch einmal alle Argumente, die für die Richtigkeit meiner Vermutung sprachen, dass sich der Schatz der Templer einzig und allein in diesem Gebiet befinden muss, der Reihe nach durch.

1. Das ausgewählte Gebiet lag innerhalb jenes Territoriums, das die Templer einstmals für sich als Staat reklamiert hatten.
2. Es gab, die Wahrheit der Aussage des *Château-Val-de-Croix-Zettels* vorausgesetzt, nur an dieser Stelle in Europa ein *Tal des Kreuzes bzw. der Kreuze*, wobei das Schloss tatsächlich ein Kloster ist, das aber äußerlich wie ein Château wirkt.
3. Der *Heilige und die Wahrheit* sind identisch mit *San Salvator de Verdera*.
4. San Pere de Roda oder Rotas wird in Verbindung mit dem Schädel des Heiligen Petrus gebracht – eine für die Templer nicht unerhebliche Angelegenheit. Der angebliche *Mönchskopf* von Chinon erweist sich als Darstellung

der verlorenen gegangenen Bucht von Empuriabrava. (Zudem steckt die Doppeldeutigkeit im Chinon-Graffito gerade darin, dass der *Kopf* zum einen eine Landkarte ist, zum anderen auf Petrus hinweist, dessen Kopf in der Region um Rotas verloren ging. Eine Legende, die jeder im Mittelalter kannte).

5. Die von Alfred Weysen publizierte Templerschatzkarte zeigt den Grundriss eines schlossähnlichen Gebäudes, das vage Ähnlichkeit mit Sant Pere de Roda hat.

6. Auf der von A. Weysen publizierten Karte und einer weiteren ist ein deutlicher Hinweis auf einen ganz bestimmten Sonnenstand gegeben. Man sieht zwei Berge, die ein Tal bilden, in dessen Mitte ein Kreuz steht: Tal des Kreuzes. Dazu der Hinweis auf den richtigen Sonnenstand. Das zeigt auch die von Marcolla entschlüsselte Kryptografie *Licht, Wahrheit, Hostie, Ost, Sonne.*

7. Es gibt eine regionale Legende, die von einem verborgenen unterirdischen Schatz erzählt, der immens sein soll. Zudem galten die Mönche von Sant Pere de Roda im Mittelalter als unermesslich reich.

8. Die Existenz der Orte Sator und Rotas – das magische Quadrat wird von jeher mit dem Templerschatz in Verbindung gebracht. (Das Graffito von Chinon zeigt ebenfalls ein Quadrat – groß und klein. Ein Hinweis auf das magische Sator-Rotas-Quadrat und damit auf die Region in Nordspanien?)

9. Im Wappen des Dorfes Pau, in dem sich eine denkwürdige Templerkirche mit einem ungewöhnlichen Eingangsportal befindet, ist wie beim Chinon-Graffito (unterhalb des *strahlenden Herzens*) ein Vogel abgebildet.

Anmerkung: Dieses merkwürdige Wappen macht schon allein deutlich, dass es in Kombination mit dem angeblichen *Herz-Graffito* darüber sich bei diesem nicht um ein *strahlendes Herz,* sondern um etwas Geistiges handeln muss. Es will uns nichts Religiöses, sondern vielmehr etwas ganz *Handfestes* vermitteln, nach dem wir an einem bestimmten Ort (Wappen) suchen sollen.

Spurensuche

Ich versuchte die Überlegungen der Templer nachzuvollziehen, als ihre Schiffe im Jahre 1307 in den Golf von Rosas segelten, um das materielle Vermögen des Ordens vor dem Zugriff Philipps des Schönen von Frankreich in Sicherheit zu bringen. Planten sie wirklich, ihr Gold und Silber im Meer zu versenken? Ich konnte es mir kaum vorstellen. Aber in der heute längst verschwundenen Bucht gab es ja nicht nur Wasser, sondern insgesamt drei Inseln. Erscheint es nicht viel sinnvoller, einen Schatz auf einer von ihnen zu verstecken? Was war aus diesen Inseln geworden? Nachdem sich das Meer aus der Bucht, die man früher »Stagnum Castilioni« nannte, im späten Mittelalter zurückgezogen hatte, waren sie zu Festland geworden und sind als solches nach wie vor existent.

Meine nächste Aufgabe bestand nun darin, nach diesen ehemaligen Inseln zu suchen. Die größte von ihnen, Salatello, hatte einst im Süden gelegen und die Bucht zum Meer hin fast abgesperrt, sodass es in sie hinein nur zwei Wege gab; links und rechts um Salatello herum. Sie gehört heute zum Stadtgebiet von Empuriabrava. Falls die Templer sie als Versteck für ihren Schatz gewählt hatten, dann lag dieser unerreichbar unter den Straßen, Plätzen, Häusern und Kanälen des künstlich angelegten Ortes. Andererseits konnte ich aber auch davon ausgehen, dass man ihn, wenn er dort jemals vergraben gewesen war, längst entdeckt hatte. Und ein solcher Fund wäre sicherlich bekannt geworden.

Augenturm – Torre d'en Mornau

Blieben noch die beiden anderen Inseln, sozusagen *Auge und Ohr* des *Kopfes*. Bei meiner Recherche stieß ich auf ein spanisches Dokument, in dem von diesen beiden Inseln die Rede war. Es hieß, dass man auf ihnen im Mittelalter Wachtürme errichtet hatte, um von oben Meer und Bucht besser beobachten zu können. Der *Augenturm* hieß *Torre d'en Mornau* und der *Ohrturm Torre de l'Albert*, seit kurzm auch *Torre del Vent* genannt. Die ganze Region zwischen den beiden Türmen nördlich von Ampuriabrava ist heute ein ca. 5 000 Hektar großer Nationalpark und weitläufiges Sumpfgebiet mit einer artenreichen Fauna und Flora.

Zunächst besuchte ich den *Augenturm.* Torre d'en Mornau liegt in der Nähe des kleinen Weilers Vilaüt und ist bereits von der Straße aus sehr gut sichtbar. Der Turm ist relativ gut erhalten und schien einstmals an der höchsten Erhebung der Insel gestanden zu haben. Heute steht er verlassen und einsam in der Landschaft am Rande der Sümpfe von Mornau, und ein kurzer Blick am Mauerwerk hoch verrät mir, dass es keineswegs ratsam ist, seine abgeflachte Spitze erklettern zu wollen. Viel zu brüchig ist das Mauerwerk, das sicherlich bis in die Zeit der Templer zurückreicht. Liegt hier das Geheimnis begraben? Ich kann es mir kaum denken, weil die Anlage so bescheiden wirkt. Aber wer will wissen, wie es hier vor achthundert Jahren ausgesehen hat? Unter dem Turm sind noch alte Zisternen erhalten, in denen sich Regenwasser sammelte. Trotz gründlicher Suche entdecke ich keine Hinweise, die mich weiterführen.

Mein zweites Ziel an diesem Donnerstagvormittag im März 2000 ist der Torre de l'Albert, den man seit einiger Zeit auch *Torre del Vent* (Windturm) nennt, wie mir ein Blick auf die neueste Ausgabe der Mapa comarcal de Catalunya 1:50 000 verrät. Die spärlichen Überreste dieses Turmes stehen nordwestlich von Rosas am Rande desselben sumpfigen Nationalparks. Die Luftlinie zwischen beiden Türmen beträgt etwas mehr als zweieinhalb Kilometer. In seiner Nähe stoße ich auf ein Kastell, das ebenfalls mittelalterlichen Ursprungs ist und in der Nähe einer Quelle – Aqua Brava – errichtet wurde: Castello de la Garriga. Ein gleichnamiger Ort liegt etwas südlich davon. Garriga ist ein in Spanien gebräuchlicher Familienname, der allerdings bereits bei kurzer Nachforschung seinen südfranzösischen Ursprung verrät.

Garrique liegt im nördlichen Languedoc und ist vor allem durch den Heiligen Bertrand von Garrique oder Garriga bekannt, der im Jahre 1233 starb. Die Übersetzung von

Garriga lautet merkwürdigerweise *glänzender Rabe*, was an den alchemistische Prozess bei der Umwandlung unreiner Elemente in Gold denken lässt. Den *roten Löwen*, Symbol für den Stein der Weisen, hatte ich bereits in Sant Pere de Roda gefunden. Garriga, der *glänzende Rabe* in der Nähe des *Windturms*. Hilft mir das weiter? Nicht so sehr. Nur dass die ganze Region für den aufmerksamen Betrachter voll gespickt ist mit Symbolen, Zeichen, Anspielungen. Ganz in der Nähe des *Windturms* stoße ich auf eine menhirähnliche Säule, die einen Turm zeigt. Bei seiner Darstellung fällt mir natürlich die Magdalena ein, deren Name mit *Turm* in Verbindung gebracht wird. Ich denke an den alten Venustempel hoch oben auf dem Berg und an Port Vendres im nahen Roussillon. Vendres leitete sich von Venus ab, und die Verdera könnte einen ähnlichen Ursprung haben.

Meine Überlegungen gehen weiter, und plötzlich fällt mir die Karte der *Mond* im Tarot ein. Nach wie vor bin ich felsenfest davon überzeugt, dass die bilderreiche Symbolik des Tarot vordergründig die Gralsgeschichte, inhaltlich aber die geheime Geschichte des göttlichen Königshauses erzählt, die der Nazarener und Maria Magdalena begründeten. Weil ursprünglich zum Blatt auch vier Templerkarten zählten, scheint das Tarot auch ein *stummes Buch* über das geistige Vermächtnis des Mönchsordens zu sein. Die Frage stellt sich, ob einzelne Karten vielleicht auch etwas zum Verbleib des Templerschatzes aussagen. Dass er im Tarot überhaupt erwähnt wird, gilt für Autorinnen wie Margret Starbird als gesichert. Für sie stellt die zwölfte Karte *Der Gehängte* den gefolterten Templer dar, und die Geldtaschen in seinem Wams (Marseiller Tarot) – mitunter hält er auch Geldsäcke in seinen Händen – sind für die englische Autorin Hinweis auf den legendären Templerschatz, der geistiger wie materieller Natur ist. *Sieben der Kelche* zeigt ebenfalls eine Auswahl an verschiedenen Schätzen, darunter Gold und Edelsteine, aber auch den *Kopf in einem Kelch*, der Gral, über den ich bereits ausführlich geschrieben habe.

Welche Karte im Tarot jedoch mag Aufschluss über den Fundort des sagenhaften Schatzes geben? Vielleicht ist es die 18. Karte, *Der Mond*, die in früheren Zeiten von Kartenlegern mehr als andere Karten gefürchtet wurde, was sehr aufschlussreich ist. Die Erklärung dafür lautet angeblich, dass der Mond die alte heidnische Religion verkörpert und somit im christlichen Verständnis das Abgründige und Böse. Wer sich die achtzehnte Tarotkarte aufmerksam anschaut, stellt fest, dass der Mond in Vereinigung mit der Sonne genauso dargestellt wurde wie Sonne und Mond auf dem Graffito von Chinon: eine Scheibe, darin der Halbmond. Ein altes Symbol für die Vereinigung der Gegensätze.

Genau dieses In- und Miteinander von Sonne und Mond findet sich auch auf einem alten Fresko im Kloster Sant Pere de Roda wieder. Zufall? Ich finde es äußerst bemerkenswert, dass sowohl Karte wie Graffito dieses Mondsymbol zeigen. Weiter sehen wir zwei Türme. Der Krebs steht für das nahe Meer, die Hunde (Cerberus) als Wächter der Unterwelt sind zugleich Hüter von Geheimnissen. Sie müssen nicht getötet, sondern im Gegenteil überlistet werden, will man den Schatz heben, den sie bewachen. Im Hintergrund erkennt man einen Gebirgszug. Ein Weg – vom Meer kommend – führt mitten in diese Bergwelt hinein. Zwischen den beiden Türmen steigen goldene Tropfen nach oben oder regnen auf die Erde herab. Mir ist vollkommen bewusst, dass man sich in etwas verrennen kann, aber wenn man sich das, was ich bisher über den Ort des Schatzes herausgefunden habe, vor Augen führt, dann wird schon verständlich, warum mich ausgerechnet diese Tarotkarte ziemlich seltsam anrührt.

Wo aber liegt nun der Schatz vergraben?

Unter dem Windturm tief in der Erde, wo es vielleicht ähnlich wie in Gisors eine verborgene Krypta gibt mit großen geheimnisvollen Truhen? Es ist völlig ausgeschlossen, dort zu graben und einen Tunnel wie seinerzeit der Kastellan von Gisors in die Erde hineinzutreiben, um die vage Vermutung zu überprüfen. Es ist ausgeschlossen, weil die Spanier äußerst allergisch auf eigene, dass heisst nicht genehmigte archäologische Untersuchungen reagieren. Schon wer mit einem Detektor durchs Gelände streift, macht sich im höchsten Maße verdächtig. Und die Guardia Civil fackelt nicht lange, wenn sie solche Hobbyforscher entdeckt.

Oder liegt der Schatz zwar in diesem Gebiet, aber an ganz anderer Stelle? Da gibt es immer noch die Aussage »Unter dem alten Schloss Val-de-Croix liegt ... Der Heilige und die Wahrheit werden dich führen.« Dieser Ausspruch wird in Bezug zu fünf Angaben gesetzt: »Licht, Wahrheit, Hostie, Ost, Sonne«.

Ein seltsames Lichtphänomen

Ich beschloss meine Suche vom Meer weg in das nahe Gebirge zu verlegen. Wenn die Angabe auf dem Zettel, den man Marcelin de Marbot unterschob, korrekt ist, dann hatte ich zunächst einmal das richtige Gebiet gefunden, das *Tal des Kreuzes* und zugleich das berühmte Kap der Kreuze. Während ich noch einmal die Abtei Sant Pere de Roda besuchte, fiel mir auf, dass es sogar einen indirekten Beweis dafür gab, wie wichtig den Templern dieses Kap der Kreuze gewesen sein muss. Der augenscheinliche Beweis dafür lag einige hundert Kilometer weiter westlich.

Südöstlich von Burgos steht in einem kleinen Tal die Kapelle San Bartolomé, die vom Orden der Mönchsritter dorthin so exakt platziert worden ist, dass sie haargenau 527,127 Kilometer vom Kap Finisterre im Westen und genau dieselbe Entfernung noch einmal vom Kap der Kreuze im Osten entfernt liegt. Südlich vom Kap Finisterre stößt man auf das berühmte Santiago de Compostela, und am Cap de Creus liegt Sant Pere de Roda und …

Vom Kloster stieg ich den steilen Pfad zur Burg Sant Salvador de Verdera auf, von wo aus der Blick über die Landschaft und das nahe Meer grandios ist. Hier oben, dicht am Abgrund, hat sich im Mittelalter eine merkwürdige Geschichte ereignet, die noch heute als *Sprung der Königin – El Salt de la Reina* bekannt ist. Eine ähnliche Geschichte gibt es auch in der Gralslegende. Bors ist Lanzelots Vetter, und er stößt eines Tages bei seiner Suche nach dem Heiligen Gral auf eine Prinzessin, die unbedingt mit ihm schlafen wollte. Wenn er sich weigerte, würde sie sich vom Turm stürzen, was auch geschah, weil Bors keusch bleiben wollte.

Soweit ich herausfinden konnte, hat sich einst eine maurische Prinzessin auf der Verdera in den Abgrund gestürzt, um ihrer Gefangennahme zu entgehen. Während ich in der untergehenden Abendsonne auf einem Stein kauere und über mein weiteres Vorgehen nachdenke, wird mir bewusst, dass genau dieser Ort alle drei gemachten Angaben in sich vereinigt. Es ist eine Burg, die man auch, wenn es nicht so abwegig klänge, *Tal des Kreuzes* nennen könnte, aber so heißt ja schon ein Teil der Umgebung. Sant Salvador ist der Heilige par exellence, und Verdera könnte verballhornt mit Verdad, Veritas in Zusammenhang gebracht werden. Also ab in die Katakomben dieser Burg, Franjo! fordere ich mich auf. Als ich gründlich nachschaue, sind mir die Wege dahin verschlossen. Ich gehe aber davon aus, dass es sie gibt oder gegeben hat. Napoleons Soldaten haben hier bereits kräftig gewütet, und ich bin sicher, dass auch Marbots Vater in diesen Mauern gewesen ist. Eventuell hat er hier den entscheidenden Hinweis erhalten. Zudem sind natürliche Höhlen und Grotten gerade in diesem Gebirgszug nicht auszuschließen, wovon ich mich selbst überzeugen konnte. Sogar alte Bergbauminen lassen sich hier wieder entdecken. Meiner Überzeugung nach eignet sich die Region am Kap der Kreuze schon allein wegen der vielen natürlichen Höhlen und künstlichen Stollen ideal als Versteck für einen größeren Schatz. Etwas unterhalb der Burg Sant Salvador de Verdera befindet sich die Kapelle des Heiligen Onofre. Auf der gegenüberliegenden Seite des Gebirgskammes liegt Port de la Selva, eine kleine Bucht mit Hafen, von wo aus man sowohl zum Kloster als auch zur Burg Verdera hochsteigen kann. Auf dem Weg dorthin kommt man durch La Selva de Mar, wo Schatzsucher im Jahre 1810 auf diverse Kunst- und Kultgegenstände aus dem 11. Jahrhundert in Gold und Silber stießen. Darunter befanden sich ein getriebener Feldaltar aus Silber und eine spanisch-arabische Schatulle mit reicher Verzierung. Für mich besteht kein Zweifel daran, dass nicht nur noch andere, größere Schätze hier irgendwo im östlichen Pyrenaenausläufer verborgen sind, sondern sich darunter auch der *Hauptschatz* des Templerordens befindet. Nur, wo genau fange ich zu suchen an?

Auf der von Alfrd Weysen entdeckten Schatzkarte lassen sich unterschiedliche Hinweise ausmachen, nämlich sowohl lokaler wie temporärer Natur.

So werden zwei Gebäude, eine Kirche und eine Burg oder ein Kloster, im Grundriss dargestellt. Der Grundriss des Klosters bzw. der Burg könnte dem von Sant Pere de Rodes, aber mehr noch dem der Burg von Verdera entsprechen. Der Grundriss der Kirche könnte sich auf die nahe Kirche Santa Helena beziehen. Diese Kirche ist jener Kaiserin Helena geweiht, die einstmals Teile vom Heiligen Kreuz und den Speer des Longinus von Palästina nach Europa zurückführte. Meint Weysens Schatzkarte, die ja die Templer um 1313 angefertigt haben sollen, diese Region? Es bleiben reine Vermutungen meinerseits. Der Zweifel ist immer präsent.

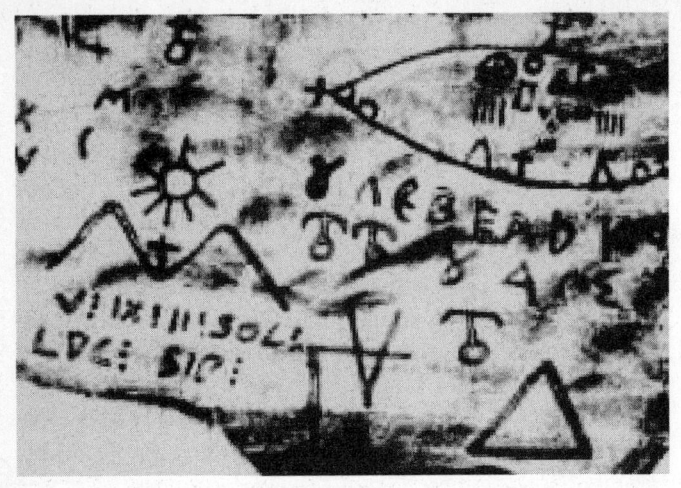

Die Hinweise auf die Lage des Schatzes in Weysens Karte

Und dann fällt mir etwas auf. Es gibt in der Karte Angaben temporärer Natur, die sich auf eine ganz bestimmte Tageszeit beziehen und damit auf einen konkreten Sonnenstand. Das kann nur bedeuten, dass die genaue Fundstelle des Schatzes durch das Licht der Sonne zu einer bestimmten Stunde enthüllt wird. In der Schatzkarte Weysens sind diese Stunden mit XI X IX kenntlich gemacht, also die elfte, zehnte und neunte Stunde. Auf einer zweiten Schatzkarte, die Alfred Weysen ebenfalls im Sommer 1983 im südfranzösischen Blatt *Journal de Var* veröffentlicht hat, wird auf dieses Sonnen-Licht-Phänomen noch ausführlicher eingegangen. Neben einer Schrift, die kaum entzifferbar ist, finden sich unterschiedliche, rätselhafte Symbole, die teilweise an altgriechische Schriftzeichen erinnern. Am unteren Rand der Karte gibt es für mich plötzlich eine überraschende Klarheit: Man sieht eine Sonne zwischen zwei Bergen, ein Kreuz und darunter in Lateinisch die Anweisung:

VI IX Sol (für Sonne) LOC für Locus, der Ort, und das Wort SIC! (SO!).

Kein Zweifel, die Echtheit einmal vorausgesetzt, liege ich mit meinem oben beschriebenen System der Priester sicherlich nicht falsch, wenn es darum geht, die genaue Lage des Ortes zu bestimmen, an dem die Templer den Schatz vergraben haben. Dabei auf ein natürliches Phänomen wie das Sonnenlicht zu setzen ist zugleich die sicherste Methode, den Fundort auch noch nach Jahrhunderten dem Eingeweihten und Suchenden sichtbar zu machen. Das Versteck wird ihm sozusagen vor Augen geführt. Voraussetzung ist natürlich, dass man das ungefähre Terrain kennt, an dem sich das Lichtphänomen (Licht, Ost, Sonne, Tageszeit) ereignen soll. Allerdings ist dazu viel Zeit erforderlich, denn es besteht die große Wahrscheinlichkeit, dass sich das erwartete Lichtphänomen nur an einem bestimmten Tag im Jahr zeigt. Und wenn man den gerade verpasst … Oder nur zu einer bestimmten Stunde im Jahr …

Einen Schatz zu suchen erfordert viel Ausdauer. So ging ich zunächst daran, die beiden Türme der ehemaligen Inseln von der Höhe des Kap der Kreuze aus zu beobachten. Dabei kam mir die Idee, dass das so genannte *strahlende Herz* von Chinon auf eine silberglänzende Wasserfläche verweisen könnte, die es dort unten bei Rosas vor Jahrhunderten einmal gegeben hat, sozusagen der *Spiegel des Sees*, von dem in der Gralssage auch die Rede ist. Das Phänomen ist allgemein bekannt: Bei einem bestimmten Sonnenstand erscheint das Meer wie eine silberglänzende Fläche. Dem mittelalterlichen Menschen wird dies sicherlich wie ein Wunder vorgekommen sein. Doch je länger ich von erhöhter Warte aus die Landschaft unter mir beobachtete, desto mehr verwarf ich rein intuitiv die Möglichkeit, dass sich der Schatzort auf Meereshöhe befindet.

Also musste ich das Gebirge beobachten.

Das allerdings erwies sich als langwieriges Unterfangen, bei dem mir Gott sei Dank Freunde halfen. Unser Projekt sah so aus, dass an jedem Tag zwischen den vorgegeben Stunden, also von mittags bis nachmittags, der gesamte Pyrenäenausläufer – das Gebiet unterhalb der Burg Verdera – fotografiert wurde. Die Stundenvorgabe VI bis XI umfasst bekanntlich den Zeitraum 11 bis 17 Uhr, wenn man die Stunden vor Sonnenaufgang und nach Sonnenuntergang ausschließt.

Der geheimnisvolle Schatten unterhalb der Verdera

Das Ergebnis dieser Aktion, bei der über einen längeren Zeitraum einige hundert Fotos von der Flanke des lang gestreckten Gebirgszuges gemacht wurden, war vollkommen unerwartet und rätselhaft zugleich. »Der Heilige und die Wahrheit« werden dich führen ... Unterhalb der Verdera und des Heiligen, unterhalb der *Burg Tal des Kreuzes* steht eine alte Einsiedelei, die dem Heiligen Onofre geweiht ist. Onofrius lebte jahrelang als Einsiedler in der abessinischen Wüste, wurde einmal die Woche mit einem Brotstück direkt

vom Himmel versorgt und gilt interessanterweise als Hermaphrodit, wie ich ihn einmal auf einem Fresko in der östlichen Türkei dargestellt fand. Onofrius war der Schutzpatron der Kreuzfahrer und wird als – man höre und staune – *Sohn des Osiris* bezeichnet.

Oberhalb seiner Kapelle erhebt sich ein eigentümlich geformter Hügel, der große Ähnlichkeit mit dem »steinernen Hügel-Graffito« von Chinon aufweist. Warum hat sich der unbekannte Graffiti-Künstler im Gefängnis von Chinon überhaupt die Mühe gemacht, den Hügel mit einzelnen Steinen zu verzieren, während andere Hügel, auf denen sich Kreuze erheben, nicht so gestaltet wurden?

Auf dem *steinernen Hügel-Graffito* erhebt sich drohend und mächtig ein Hammer und kein Kreuz, wie manche glauben. Das Kreuz und die Lanze stehen rechts daneben. Dieses merkwürdige *Hammerobjekt* wirkt verwaschen, dunkel und drohend. Auf seiner flachen Spitze sind drei seltsame Köpfe zu sehen, die denen von Hunden gleichen.

Oberhalb der Kapelle des Heiligen Onofrius erhebt sich diese seltsame Anhöhe. Die Kamera hatte Hügel und Umgebung über einen langen Zeitraum fotografiert. Auf den Fotos, die zwischen 16 und 17 Uhr geschossen worden waren, wurde ein merkwürdiges Phänomen sichtbar. Ich hatte mit einem Lichteinfall oder Ähnlichem gerechnet. Nun sah ich, dass es sich völlig anders verhielt. Hinter dem Felsen oberhalb der alten Einsiedelei war ein schwarzer, fast quadratischer Schatten zu erkennen. Er *sticht* förmlich aus dem Bergrücken heraus, war aber interessanterweise nur aus großer Entfernung (ca. 8 km) als solcher erkennbar. Wodurch er überhaupt hervorgerufen wurde, blieb offen. Je länger ich ihn beinahe fassungslos betrachtete, desto größer wurde mein Eindruck von einem Tor ins Dunkle hinein. Nach 17 Uhr verschwand das eigenartige Phänomen.

Ich versichere meinen Lesern ausdrücklich, dass das Foto nicht getürkt ist. Ich bin nur bestrebt, Indizien dafür zusammenzutragen, dass der Schatz der Templer in den Pyrenäen auf heute spanischer Seite zu suchen ist. Dabei begegnen mir mitunter seltsame Dinge. Pau habe ich schon häufig genug erwähnt. Es gibt auch eine französische Stadt gleichen Namens. Pau bei Rosas besitzt eine alte Templerkirche. Das Eingangsportal dieser Kirche fällt etwas aus dem Rahmen. Sein Tympanon oder Bogenfeld verdient besondere

Das rätselhafte Bogenfeld an der Kirche von Pau

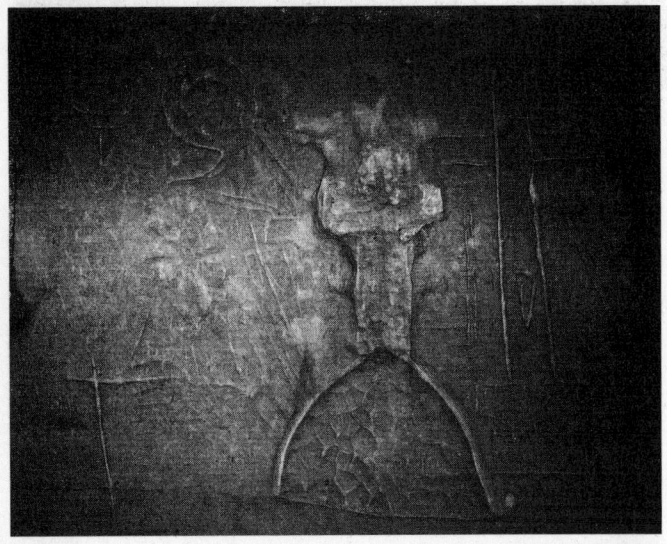

Der Felsenberg oberhalb St. Onofres (oben) und das Graffito von Chinon (unten)

Aufmerksamkeit. Es besteht nämlich aus fünf Teilen, und die Frage stellt sich, was den Steinmetz dazu bewogen hat, das Bogenfeld so zu gestalten. Ist ihm die Platte zerbrochen? Warum hat er dann keine neue eingesetzt, was einfacher gewesen wäre.

Erneut nur bloßer Zufall, dass diese scheinbar unwichtige Gestaltung am Eingang einer kleinen Kirche sowohl an die Form des Berges oberhalb der Kapelle des Heiligen Onofre und zugleich an das Graffito von Chinon denken lässt?

Was soll uns das rätselhafte Bogenfeld vermitteln? Dass seine Linien auch an Runen erinnern? Dass es, zum vollen Kreis gebildet, an eine Hostie erinnert, die oben eine *Sollbruchstelle* besitzt wie eine echte? Dass es so ausschaut, als hätte man an anderer Stelle einen Eingang zu einem Versteck mit Steinen zugemauert? Dass es eine große Ähnlichkeit mit dem Felsenberg besitzt?

Die Kirche von Pau liegt unterhalb der Verdera und der Einsiedelei des Heiligen Onofre; zugleich unterhalb des seltsam geformten Felsenberges. Der merkwürdige rechteckige Schatten verschwindet, sobald sich der Sonnenstand auch nur geringförmig ändert. Kommt man ihm näher, ist er ebenfalls nicht mehr zu sehen. Wodurch er gebildet wird, habe ich nicht in Erfahrung bringen können. Auch muss man sich fragen, ob er auf den *Felsenberg* aufmerksam machen soll oder auf das Gebiet dahinter. Gibt es vielleicht eine Höhle in diesem Felsenberg? Oder wurde von den Templern in dem Gelände hinter dem Felsen und somit unterhalb der Verdera ein Versteck angelegt?

Das sind Fragen, die ich momentan noch nicht beantworten kann. Hätte ich den Schatz ausgraben können, wäre mir vermutlich ein Buch wie dieses erspart geblieben. Wer findet, schweigt. Wer sucht, redet mitunter darüber. Auf diese Weise hat meine persönliche Suche nach dem Templer-

Hier irgendwo liegt der Schatz der Templer

gold begonnen. Ich schlage im Gegensatz zu den meisten Autoren einen vollkommen anderen Ort vor, der ein wenig abseits von Rennes-le-Château liegt und in einem Gebiet, auf das viele der rätselhaften Hinweise passen, die wir seit langem schon in der Hand haben. Den Schatten gibt es wirklich. Er ist als Naturereignis wegen seiner Form bemerkenswert. Vielleicht existiert er so schon seit Jahrhunderten. Er ist äußerst auffällig, jedenfalls für alle, die ihn zu einer bestimmten Zeit, bei Ostsonne am Hang der Verdera entdecken. Er wäre ein idealer Führer über alle Zeiträume hin-

weg, wenn es gilt, einen Schatz wieder zu entdecken, der in ihm oder bei ihm versteckt worden ist. Mehr kann ich im Moment nicht sagen.

Meine Suche in diesem Gebiet geht jedenfalls weiter.

Schlusswort und Danksagung

Meine Reise ist vorerst zu Ende. Sie führte mich an den Ursprung der Bedeutung von Gral und Baphomet und mündete in den geheimnisvollen Kult um die Heiligen Häupter. Der Schädelkult ist, wie wir festgestellt haben, uralt. Bereits die Griechen, die Kelten und die Ägypter verehrten die Schädel mancher Toten, besonders von solchen Menschen, die zu Lebzeiten Propheten und Weise gewesen sind. Dass auch die Juden einen solchen Schädelkult in Form von Orakelköpfen kannten, zeigen die Teraphim, von denen im Alten Testament die Rede ist. Die Templer haben diesen Kult wieder aufgegriffen, oder er wurde ihnen als esoterisches Vermächtnis von den Rex Deus übergeben.

Ein sehr schönes Heiliges Haupt, auf das ich zuletzt noch aufmerksam wurde, befindet sich in der Kirche von Spreyton in England. Dort wurde im Mittelalter ein bärtiger Kopf, der an Christus erinnert, so auf einem Stück Holz angebracht, dass es augenscheinlich das Kreuz andeutet. Der Kopf ist in dreierlei Hinsicht bemerkenswert: Zum einen erkennt man oberhalb der Stirn, sozusagen wie einen Kopfschmuck auf den Haaransatz gesetzt, die *Fleur de Lys*, die französische Lilie, die meiner Meinung nach auf die Blutlinie König Davids bei den königlichen Merowingern hinweist. Die Fleur de Lys ist auch das bevorzugte Symbol von König Dagobert II, Clovis, gewesen.

Dann besitzt das Haupt von Spreyton auf der Stirn eine Vertiefung, wie sie König Dagoberts Schädel in Mons auch hat. Deutlicher Hinweis auf den Schädelkult und die ihm innewohnende kultische Kraft. Und als Drittes streckt uns das göttlich-königliche Haupt frech seine Zunge entgegen. Im Mittelalter deutete dieses besondere ikonografische Detail

Christus-Dagobert-Kopf von Spreyton

auf den Penis hin; repräsentierte also die Fruchtbarkeit. Ich meine, die Botschaft kann nicht eindeutiger sein, und gerade dieses *Heilige Haupt* macht meine Darlegung über den Sinn solcher Köpfe ein für alle Mal klar: »Schaut her und begreift: Ich habe mich fortgepflanzt!« ruft uns dieses Nazarener-Haupt in der kleinen englischen Kirche freudig entgegen, und die Beweise dafür lassen sich in der so genannten europäischen *Bienenlinie* wieder finden.

Der Kult um die Heiligen Häupter ist vermutlich das große Geheimnis der Tempelritter gewesen. Das war Sinn und Zweck ihres Baphomet, den Historiker und Theologen gerne auf die Stufe eines Teufels oder Dämons herabwürdigen. Auf diese Weise werden aus Templern Verrückte, die den Teufel anbeteten, und so geraten sie auch niemals in die Situation, dass sie die kirchliche Lehre zum Einsturz bringen könnten. Saufen und Fressen wie ein Templer und im Kopf so blöde sein, einen primitiven Götzen anzubeten, lautet die einfache Formel. Dabei verhält es sich wesentlich anders:

Im Heiligen Land sind sie auf alte Dokumente gestoßen, die ihnen die wirkliche Geschichte vom Hause Jesu und die wahre Bedeutung der Magdalena enthüllt haben. Veröffentlichen konnten sie ihre Erkenntnisse im Abendland selbstverständlich nicht. Sie sind ja heute noch wie Dynamit. Was die Templer aber zu Wege brachten und was zugleich ihre einzige Möglichkeit darstellte, war auf subversive Weise, nämlich durch die zahlreichen Darstellungen der Heiligen Häupter an und in Kirchen und ihren Häusern auf den eigentlichen Kern ihres häretischen Glaubens hinzudeuten. Nur wer richtig sehen will, versteht die geheime Botschaft dahinter.

So und nicht anders verhält es sich auch mit Rennes-le-Château, wo man seit einem Jahrhundert nach Antworten auf verbotene Fragen sucht. Es gibt dort Schätze zu heben; materielle und geistige. Die geistigen sind das größere Problem. Wer sie entdeckt hat, wie vermutlich der Abbé Saunière, wird sich ähnlich wie die Templer seinerzeit hüten, zu viel davon preiszugeben. Rätsel sind hierbei die beste Methode, Geheimwissen nur an die Richtigen zu selektieren. Der 17. Januar ist für diese Methode das beste Beispiel und das *Pferd Gottes* nicht minder. Letztes wiehert nur in den Köpfen, zöge aber furchtbare Konsequenzen nach sich, wenn man um seine wahre Natur wüsste.

Die Schätze der Templer wurden an vielen Orten vermutet. Menschen haben zu allen Zeiten danach gesucht, aber nur wenig gefunden. Dennoch bleibt jede Suche nach den Schätzen spannend.

Was nun meine persönliche Suche nach dem Schatz der Templer angeht, so hatte ich niemals gehofft, auf Gold und Silber zu stoßen. Hätte ich den Schatz der Tempelritter nach 700 Jahren endlich gefunden, so wäre das noch vor Veröffentlichung meines Buches durch die Weltpresse gegangen. Es wäre die Sensation des Jahrhunderts gewesen. Ich bin kein Schatzsucher im eigentlichen Sinne des Wortes. Ich will nicht ausgraben, um reich zu werden. Eher bin ich ein Fährtenleser, und je besser und ausgeklügelter die Fährten sind, desto aufregender das Such-Spiel. Ich habe meine persönliche Schatzsuche immer als reifes Spiel aufgefasst. Mein Interesse liegt einzig im Suchen und Entdecken. Wohin es mich geführt hat, haben wir durch meinen Bericht erfahren. Manche mag das enttäuschen, andere vielleicht nicht. Das ist nun einmal der Stand der Dinge. Aber ich hoffe doch, dass ich Neues angestoßen habe. Neue Sichtweisen, neue Perspektiven eröffnen konnte. Auf dem Weg dahin habe ich verschiedene Stationen berührt und für mich gedeutet.

Mag sein, dass etwas dabei ist, das wiederum andere Sucher inspiriert oder ihnen die entscheidenden Impulse bei ihrer Suche gibt. Einer, der mir bei meiner Unternehmung immer mit Rat und Tat zur Seite gestanden hat, ist W. Straeten. Er ist kein Schriftstelller, dafür aber ein eifriger Templerforscher. Unendliche Diskussionen haben wir beide über dieses eine, uns so stark berührende Thema geführt, bis hin zur gemeinsamen Suche vor Ort. Dafür schulde ich ihm Dank.

Ich bin davon überzeugt, dass sich in dem von mir angegebenen Gebiet etwas befindet, das direkt mit den Templern zu tun hat. Nach wie vor denke ich, dass es der Schatz sein könnte.

Von seiner Lage her in den östlichen Pyrenäen muss er für die Tempelritter ideal erreichbar gewesen sein. Es ist aber auch sehr gut möglich, dass sich bereits andere ähnliche Gedanken wie ich gemacht und den Schatz schon lange entdeckt und an sich gerissen haben. Die Frage ist, ob der Hinweis, den man Marcelin de Marbot untergeschoben hat, von einem Eingeweihten stammt oder nicht. Wenn derjenige, der den genauen Fundort auf den Zettel schrieb, wirklich wusste, wo der Schatz zu finden ist, warum hat er es dann überhaupt mitteilen wollen? Vermutlich aus zwei Gründen. Entweder ist der Schatz zu groß, als dass ein Einzelner ihn wegschaffen könnte, oder er ist so mächtig, dass er geheim blieb.

Trotzdem kann es so sein, wie es für manche Archäologen ausgegangen ist, als sie endlich ins Grab des Pharaos vorstoßen konnten. Mit Verärgerung stellten sie fest, dass Grabräuber bereits Jahrhunderte vor ihnen dort gewesen waren und alles mitgenommen hatten, was für sie von Wert gewesen wäre.

Ich jedenfalls werde weitersuchen, auch wenn das Gelände vor Ort eher abschreckt. Aber genau das gehört mit zum Plan der Mönchssoldaten.

Franjo Terhart
**Das Geheimnis
der Eingeweihten**
Was spirituelle Persönlichkeiten
uns erschließen

Durch das Zeugnis der in diesem Buch versammelten
Persönlichkeiten erfahren wir, dass Einweihung ein
Prozess ist, der sich nicht im geheimnisvollen Rahmen von Zeremonie und Ritus vollziehen muss. Wer
sich für die Offenheit des Geistes entscheidet, erlebt
das Wunder der stufenweisen Einweihung. Und dennoch lehren uns gerade die wahrhaft magischen Personen, dass Einweihung im Grunde jedem Menschen
zuteil werden kann, denn die wirkliche spirituelle Erfahrung spielt sich in der Tiefe der menschlichen Seele
ab. Die großen Eingeweihten der letzten drei Jahr-
tausende können uns dabei Vorbild und Partner sein.
Somit stellt dieses Werk eine spirituelle Reise dar, die
wir gemeinsam mit den großen Gestalten der Einweihung unternehmen können, um dem Geheimnis des
Lebens näher zu kommen.

ISBN 3-404-70146-1

BASTEI
LÜBBE

Atlantis

Luigi Ranieri
Die Loge
Macht und Geheimnis
der Freimaurer

Schon in ferner Vergangenheit finden sich Spuren der
Freimaurerei und begleiten den Lauf der Geschichte bis
heute. Wie ist diese Geheimgesellschaft entstanden? Wie
hat sie sich ausgebreitet? Wie wirkt sie? Und wer sind
die Freimaurer eigentlich, zu denen Persönlichkeiten wie
Abraham Lincoln, Napoleon Bonaparte, Goethe, Mo-
zart und Wagner gehörten?
Luigi Ranieri schildert die Legenden und Mythen, die
sich um die Freimaurerei gebildet haben. Er erzählt aber
auch von den Gesetzen, Riten und Einweihungstraditi-
onen dieses so mächtigen Geheimordens. Zum Schluss
gibt er denen, die selbst Freimaurer werden möchten,
wertvolle Hinweise.

ISBN 3-404-70159-3

BASTEI
LÜBBE

Bis heute haben die Mythen der Völker nichts von ihrer Aktualität eingebüßt. Diese »heiligen Erzählungen« sind gespeicherte Lebensgeschichten, die das erzählen, was frühere Menschen erlebt haben. In ihnen werden auf symbolische Weise die emotionalen Erfahrungen und konkreten Lebenssituationen dargestellt. Inzwischen sehen wir die Mythen fremder Kulturen mit anderen Augen, deuten sie realistisch – und sind bereit, von ihnen zu lernen, denn sie haben viel mit unserem eigenen Erleben zu tun.

Helma Marx stellt hier die wichtigsten Mythen der großen Kulturen und Völker zusammen. Dabei untersucht sie einerseits eher empirische Fragen, aber sie spürt auch den verborgenen Geheimnissen in den Mythen nach.

ISBN 3-404-70165-8

ATLANTIS

Johannes von
Buttlar
Der flüsternde Stein
Götter, Priester, Könige:
Das Geheimnis der Kristall-Orakel

»Lausche dem Wind, der die Felsen flüstern lässt, und du erhältst Weisheit«, sagen die Indianer Nordamerikas. Seit Tausenden von Jahren erzählen uns die alten Kulturen der Welt von einem Instrument, das uns in Kontakt mit einer anderen Wirklichkeit bringen könnte. Sowohl bei den Sumerern, Ägyptern und Kelten als auch bei den Indianern und den Aborigines ist dieses Instrument stets ein Stein, durch den es möglich ist, Information und Wissen aus anderen Welten abzurufen.

Johannes von Buttlar forscht in diesem Buch nach den Mysterien von Pyramiden, sumerischen Keilschrifttafeln, Menhiren und Megalithen, Steinkreisen und den Quarzkristallen unserer Tage.

Liegt in diesen Steinen die Lösung für die Rätsel der Menschen verborgen? Der Autor entschlüsselt einige der geheimen Botschaften und verbindet sie mit den neuesten Erkenntnissen der Elementarphysik und Kosmologie.

ISBN 3-404-70179-8

BASTEI
LÜBBE

ATLANTIS

Christa Zettel
Reiserouten der Götter
Zurück in die Zukunft:
Das Erbe der Schamanen

Die uralten Mythen der Völker führen uns auf eine Reiseroute quer über den gesamten Globus. Im geistigen Erbe unserer Vorfahren findet die Autorin ein Wissen, das uns in die Lage versetzt, unser »Woher« und »Wohin« zu erkennen. Jene harmonische Einheit zwischen Mensch und Kosmos, die für die chinesischen, indischen, sumerischen, keltischen, ägyptischen und steinzeitlichen Mysterien so typisch ist, ist dem heutigen Menschen verloren gegangen.

Christa Zettel unternimmt eine Reise quer durch Raum und Zeit und bringt die neuesten Erkenntnisse der modernen Naturwissenschaften mit den althergebrachten Mythen unserer Ahnen auf fruchtbare und verblüffende Weise in Einklang.

Das Ergebnis dieser inneren und äußeren Reise der Autorin ist ein neues Weltbild, das uns zu den Ursprüngen unseres Bewusstseins zurückführt.

ISBN 3-404-70181-X

BASTEI LÜBBE

Franjo Terhart
Die Wächter des heiligen Gral
Das verborgene Wissen der Tempelritter

Seit Jahrhunderten ranken sich zahllose Mythen und Legenden um den Templerorden, der um 1118 von Hugo von Payens gegründet wurde. Knapp 200 Jahre später finden die Ritter mit dem auffälligen roten Tatzenkreuz auf ihren langen weißen Mänteln ein überraschendes, mysteriöses Ende. Bis heute bleiben die Gründe für ihren Untergang im Dunkeln. Offensichtlich hielt den Orden in seinem Inneren eine geheime Lehre zusammen, die für König und Papst mehr als ketzerisch gewesen sein muss.

Dieses verborgene geistige Erbe versucht der Autor zu entschlüsseln. Was glaubten und dachten die Templer wirklich? Welche Götter beteten sie an? Welche Hinweise haben sie uns hinterlassen? Verschlüsselte Botschaften auf Kirchen- und Kerkermauern, geheimnisvolle Orte und Plätze, Sonnenorakelräder, Zahlenmystik, Symbole – Franjo Terhart präsentiert keine esoterischen Spekulationen, sondern Fakten. In jahrelanger intensiver Forschung hat er aufschlussreiche Bruchstücke gesammelt, die er in diesem Buch zu einem sinnvollen Puzzle zusammenfügt.

ISBN 3-404-70182-8